ものが語る歴史　20
縄文の漆
岡村道雄

同成社

1

3

2

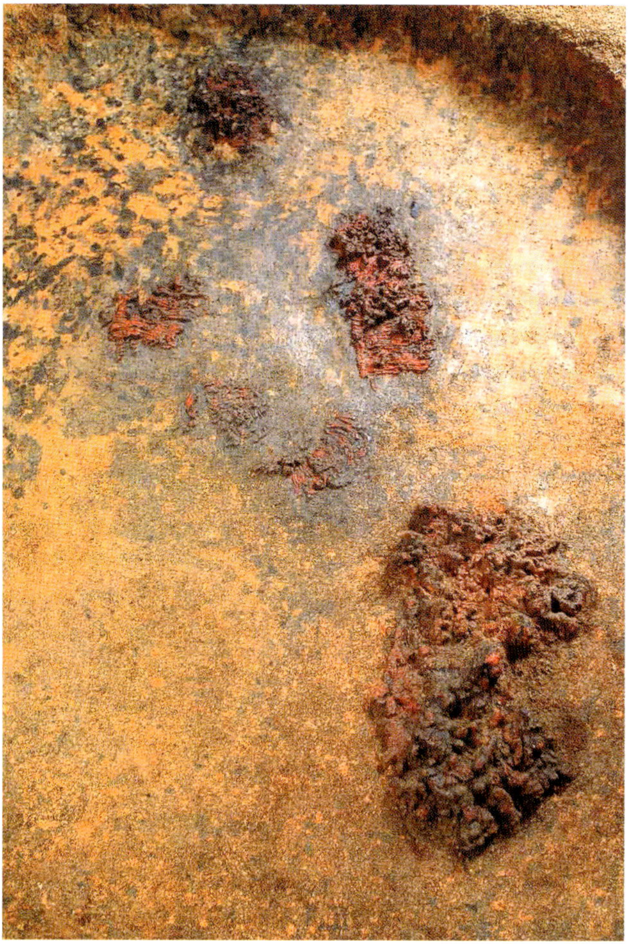

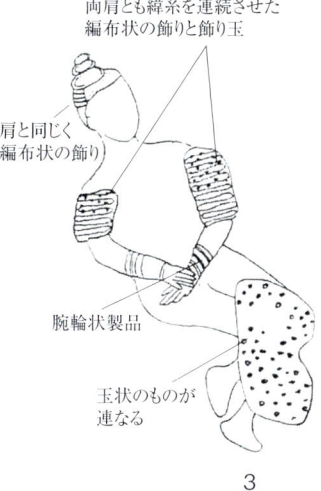

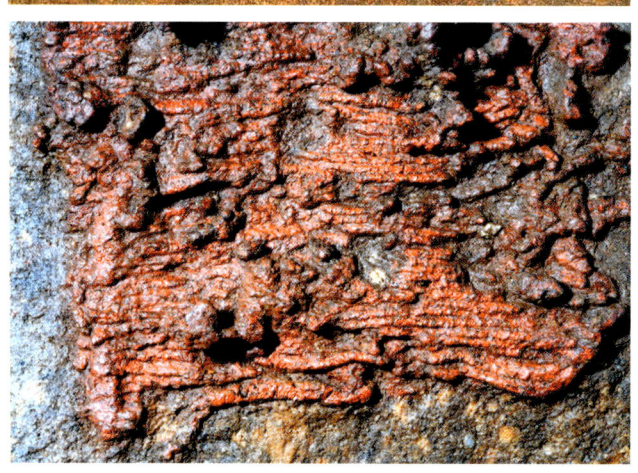

日本最古の漆製品をまとった
死者　北海道垣ノ島Ｂ遺跡
1．出土状況
2．左肩部漆製品拡大
3．装着状況

4

5

6

7

8

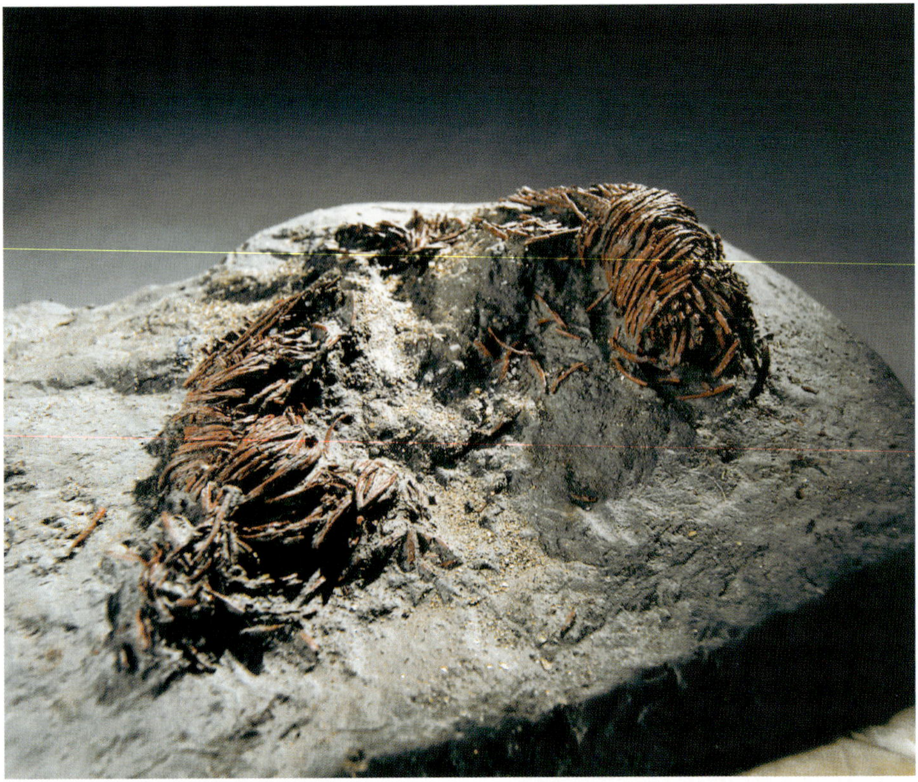

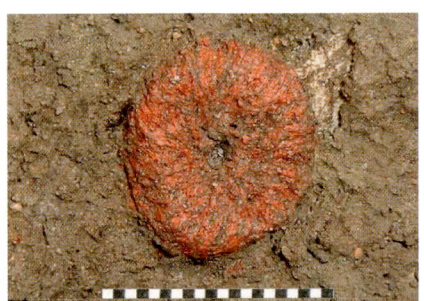

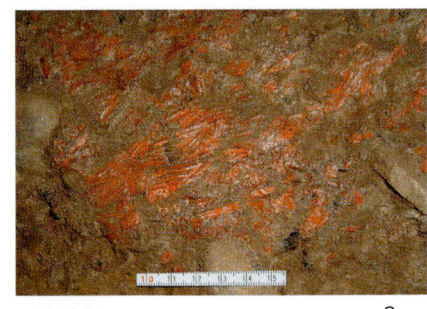

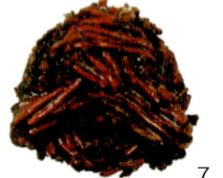

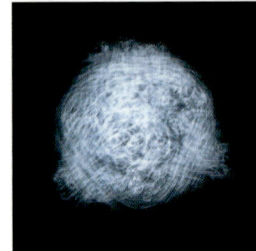

後晩期の赤漆塗り繊維製品
4．青田遺跡　撮影：小川忠博
5・6．漆下遺跡
7・8．小山崎遺跡（糸玉とX線写真）

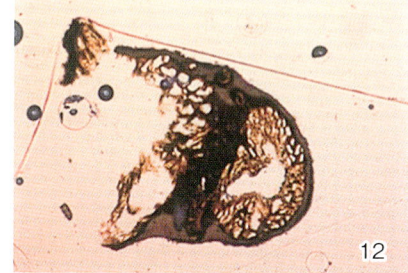

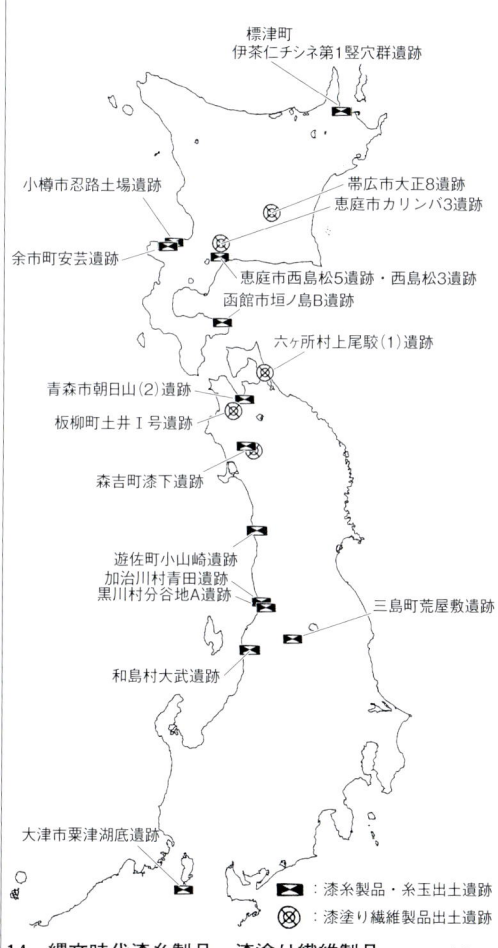

後晩期の赤漆塗り繊維製品
9・10.分谷地A遺跡糸玉と拡大写真 11・12.忍路土場遺跡糸玉と断面微細構造（×50） 13.荒屋敷遺跡糸玉

14. 縄文時代漆糸製品・漆塗り繊維製品出土遺跡分布図（小林克 2005を改変）

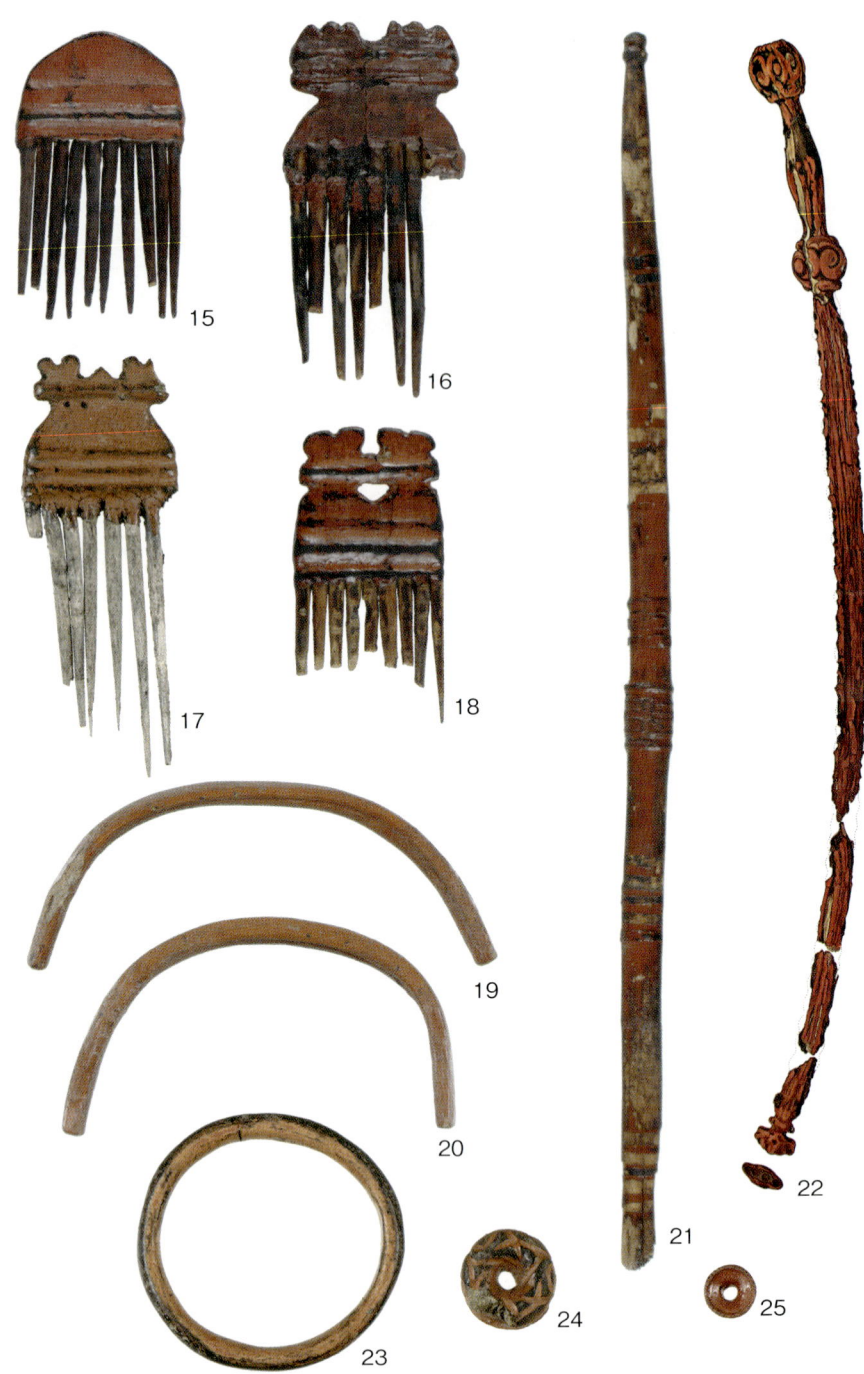

是川中居遺跡出土の漆塗り木製品
15～18. 竪櫛 19・20. ヘアバンド？ 21. 弓 22. 飾り太刀 23. 腕輪 24・25. 耳飾り

是川中居遺跡出土の漆製品
26. 注口土器　27. 台付鉢形土器　28. 鉢形土器　29〜31. 壺形土器　32. 壺形籃胎漆器　33. 台付皿形木胎漆器　34. 鉢形籃胎漆器　35. 鉢形木胎漆器　36・37. 樹皮製容器（曲物）

墓から発見された漆製品
カリンバ3遺跡118号墓出土の赤漆塗り腕輪(38)と櫛(39～41)

墓から発見された漆製品
カリンバ3遺跡123号墓出土状況(42)と腰飾り帯(43)

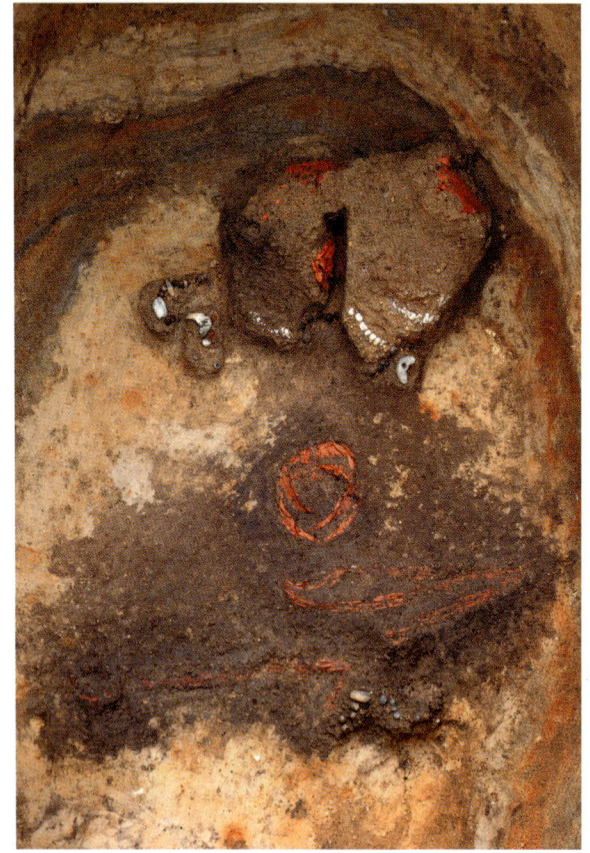

西島松5遺跡の漆塗り櫛（44）と墓からの出土状況（45）

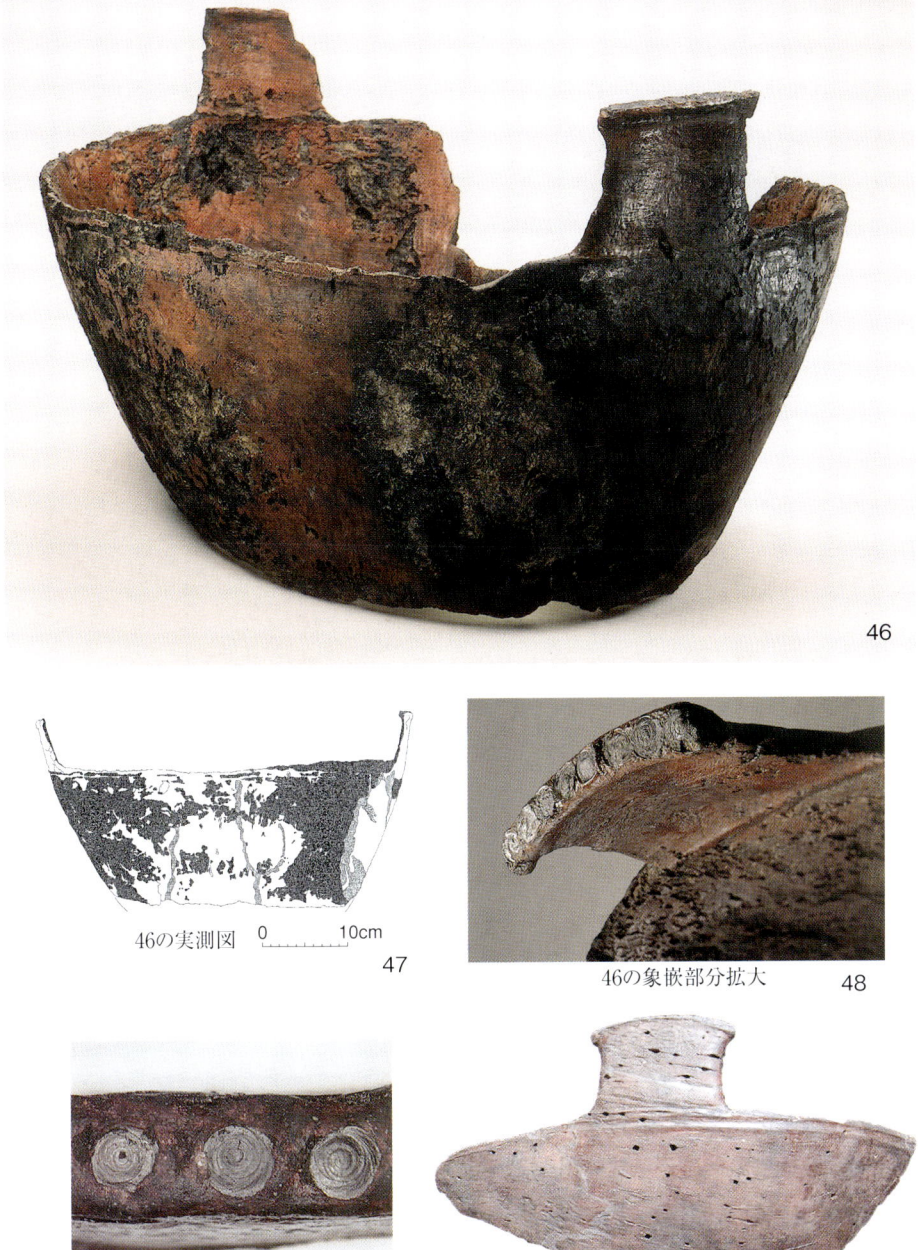

46

46の実測図 0 10cm
47

46の象嵌部分拡大 48

50の象嵌部分拡大 49

50

向田（18）遺跡（約5500年前）出土の貝蓋象嵌赤漆塗り大型浅鉢（46・50）、漆が残る部分（47：実測図）、象嵌部分の拡大写真（48・49）　撮影：小川忠博

51　　　　　　　　　　52

53　　　　　　　　　　54

粟津湖底遺跡出土　結歯式櫛（51〜54　縄文中期）

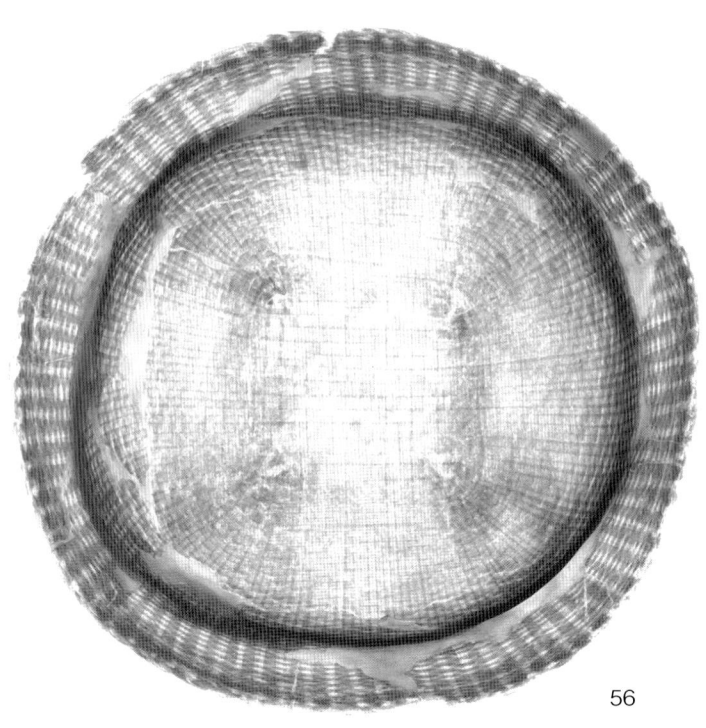

中屋サワ遺跡出土の籃胎漆器椀（55）と籃胎漆器椀X線透過像（56）

分谷地A遺跡出土の漆塗り木製片口把手付容器 (57)、朱漆塗り木製片口把手付容器 (58)、朱漆塗り木製鉢 (59)

押出遺跡出土の漆塗り土器（60〜65）

中期と晩期の漆彩文土器
高崎情報団地Ⅱ遺跡(約4500年前)出土の漆塗り彩文浅鉢形土器(66・67)と67の内面に描かれた漆文様図(68)、永根貝塚(約2500年前)出土の漆塗り彩文土器(69)

漆工関係遺物　下宅部遺跡
掻きキズのあるウルシ木とその拡大写真（70・71）　漆液容器（72）と混入していた夾雑物（73）、漆液がしみ込んだ編布（74）漆で胴部のヒビを補修した注口土器（75）

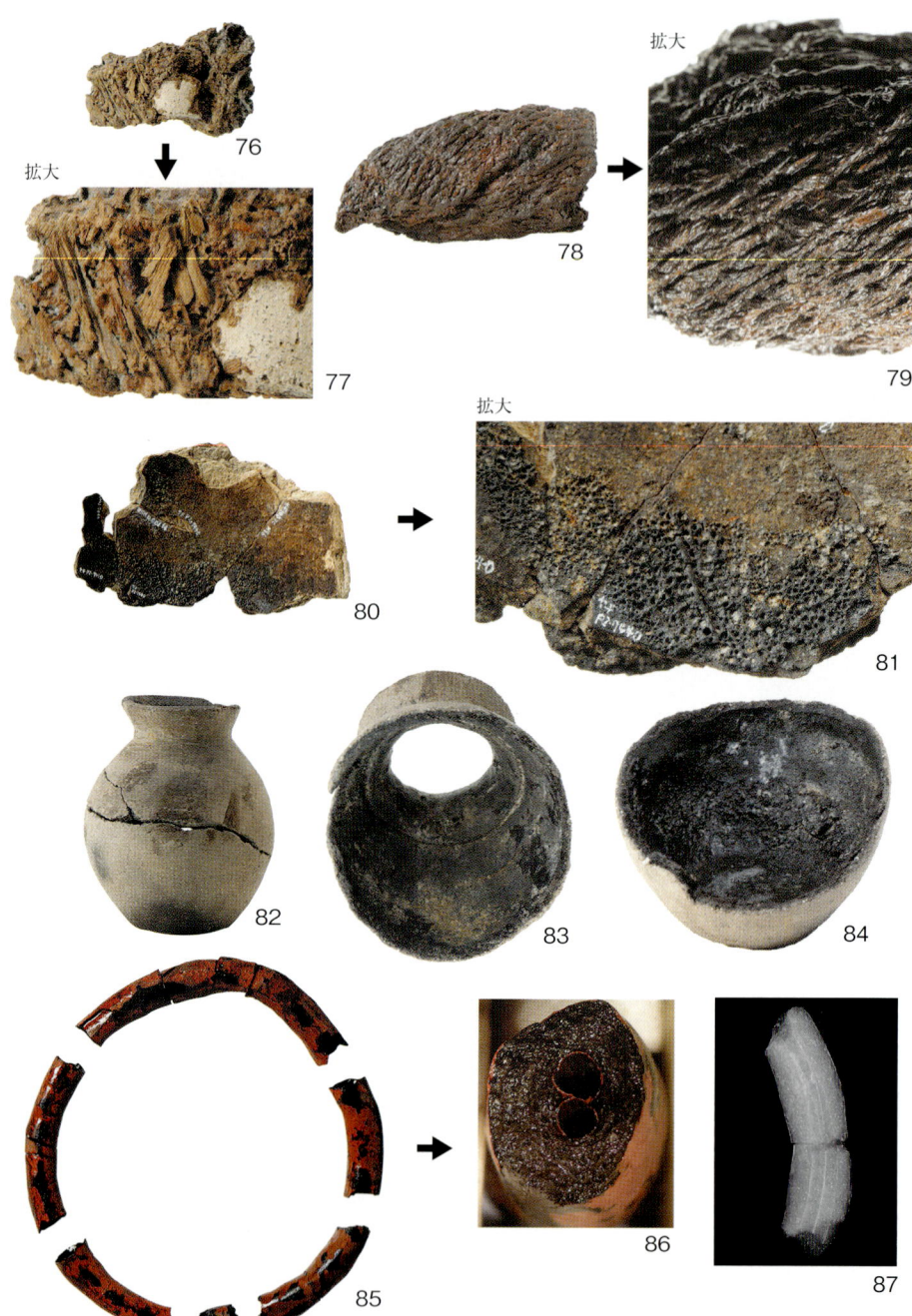

漆工の過程を示す品々　野地遺跡
木屎漆（76・77）、赤漆漉し布とその拡大（78・79）、漆付着土器片と漆縮みジワ（80・81）、漆貯蔵の小壺とその内部（82〜84）、赤漆腕輪とその断面・X線写真（85〜87）

はじめに

　縄文時代の遺跡から発掘されるものは、通常は、腐らない土器や石器などと、地下に構築された建物の跡や墓などである。それらだけで、ついつい当時の生活・文化・歴史を復元しがちだが、本来、そこにはつい最近まで使用していたものに似た木や繊維、骨角など自然素材の道具、木造の建築や施設など、多種多様なものがあったはずである。

　私自身としては、東奥日報新聞社や八戸市が企画・組織した「ジャパンロード　ウルシの起源を求めて」に参加させていただき、中国・韓国でも東北大学植物園の鈴木三男園長らの植物学者と共に現生のウルシを探し、DNA分析などでそれらの近縁関係を探り、それぞれの地の漆文化を考古学的に遡及するなどの現地調査を進めた。

　ここでは、近年にわかに発掘例が増えた縄文漆製品やその製作にかかる品々をまとめて考察し、あるいは民俗学的な取り組みについても参考として論を進めていきたい。英語でジャパンといわれた漆製品は、物作り日本を代表する日本人の技の極致と美を示すものである。その技は、はるか数千年前にさかのぼる縄文時代に基礎が作られた、世界に誇ることのできる基層文化の一つであった。総合的に現在の縄文漆文化研究の到達点を解説し、今後の方向性についても展望してみたい。

目　次

はじめに ··· i

序章　縄文漆文化研究の経緯と現状 ·· 1

第1章　縄文の漆文化の変遷と地域性 ··· 5
1．是川中居遺跡の漆文化 ·· 5
是川中居遺跡の再発掘　5
是川中居遺跡の漆関係遺物　8
充填材、接着剤などとしての漆利用　13
漆精製工程を示す道具類（漆工用具）　16
ウルシの木、種子・花粉　18
是川中居の晩期集落におけるウルシ利用　18
2．晩期、亀ヶ岡文化の漆工芸 ·· 20
3．北海道・北東北の後期後葉から晩期の櫛 ··· 25
カリンバ3遺跡の墓出土の漆製品　25
東北地方の晩期の櫛　26
結歯式櫛の製作　27
籃胎漆器　27
圧倒的に多い赤漆仕上げ　29
4．関東・中部日本海側の後晩期の漆文化 ·· 31

5．中期・後期前葉頃の漆文化 …………………………42
　　6．定住の確立と共に定着した初期漆文化 ………………47
　　　　東北北部・北海道の初期漆文化　47
　　　　東北南部の初期漆文化、押出遺跡など　49
　　　　関東の初期漆文化　51
　　　　北陸から琵琶湖東岸の初期漆文化　54
　　7．定住の成立と共に誕生した漆塗りの繊維・編組製品 ………58

第2章　漆文化のルーツ ……………………………………65
　　1．ウルシ・漆文化の起源 …………………………………65
　　　　これまでの「漆文化の起源論」　65
　　　　漆文化の起源論　67
　　2．植物学的研究の進展 ……………………………………67
　　　　原生ウルシの分布と系統　67
　　　　出土ウルシ（花粉・種子・樹木）からみたルーツ　73
　　　　現生ウルシのDNA分析から見たウルシの系統　77
　　3．日本列島での漆文化の初源 ……………………………79
　　4．近隣大陸の様相 …………………………………………81
　　　　中国揚子江流域の初期漆文化　81
　　　　中国中原地域での漆文化　83
　　　　中国北部での漆文化　85
　　　　韓国の初期漆文化　85
　　5．日本のウルシ・漆文化の起源仮説 ……………………86

第3章　ウルシの栽培と漆の製作・利用 ……………………………………91
　1．集落近辺でウルシの栽培 ………………………………………………91
　2．ウルシの若芽を食べる …………………………………………………93
　3．漆掻きなどウルシの利用、伐採 ………………………………………93
　4．漆採取（皮剥ぎ、辺付け、掻き取り）………………………………97
　5．漆の精製と貯蔵 ………………………………………………………102
　6．顔料の添加 ……………………………………………………………112
　　　添加する顔料　112
　　　アスファルトの精製と利用　114
　　　水銀朱の精製と利用　116
　　　ベンガラの精製と利用　118
　7．塗布と彩文 ……………………………………………………………120
　8．乾　　燥 ………………………………………………………………126
　9．漆の塗り直し・補修 …………………………………………………128
　10．漆製品の復元・製作実験 ……………………………………………128

第4章　縄文漆文化の特色 ……………………………………………………133
　1．縄文漆文化の成立 ……………………………………………………133
　2．漆文化とウルシのルーツ ……………………………………………134
　3．漆製品の分類と種類 …………………………………………………135
　　　木　　胎　135
　　　樹　皮　胎　135
　　　果　皮　胎　135
　　　編　組　胎　136
　　　籃　　胎　136

　　　　皮 革 胎　136

　　　　陶　　胎　136

　　　　そ の 他　136

　　　　技法的分類　137

　　4．縄文漆製品の役割 ……………………………………………………………138

　　5．変遷と地域性のまとめ ………………………………………………………138

　　6．縄文漆文化の継承 ……………………………………………………………141

　　7．漆文化の特徴と歴史的意義 …………………………………………………142

　　　　自然と協調した縄文文化の典型と本質　142

　　　　自然を活かした高度な各種技術の総合　142

　　　　漆工の専業化と分業化　143

　　8．漆文化を支えた基盤 …………………………………………………………144

参 考 文 献 ……………………………………………………………………………145
写真・資料提供先一覧 ………………………………………………………………157
お わ り に ……………………………………………………………………………157

　　　　　　　　　　　　　　　　　　　カバー写真　福井県鳥浜遺跡出土漆塗り櫛

縄文の漆

序章　縄文漆研究の経緯と現状

　私が考古学の世界に足を踏み入れた頃には、日本の全土に開発の波が押し寄せ、乾燥して日当たりのよい台地の上だけでなく、湿った低地に残された人間活動にまで発掘のメスが入れられるようになった。そのような時に私たちに最もインパクトを与えたのは、1975年の発掘調査で注目を集め、1980年〜'85年まで継続された福井県鳥浜貝塚の発掘調査であった。縄文時代の地下の正倉院などと例えられ、「縄・ヒョウタン・ウンチまで」といわれた生々しい品々が続々と発見された。また埼玉県寿能遺跡も1979〜'81年に発掘され、低湿地遺跡のもつ多様で豊富な情報をもとに、関連諸科学との提携が図られ、縄文時代の全体像がにわかに鮮明度を増した。特に縄文人の植物利用の実態が解明され、高度な漆工芸の技術が明らかになったのもその一つであった。

　漆の科学的分析や保存処理もこのような状況に伴って進展した。古くには宮城県山王囲遺跡での漆塗り櫛の分析（中里・江本ほか 1971）に見られるように、漆製品の主に骨組みや構造を明らかにする軟X線分析や顔料の種類を調べる蛍光X線分析と保存処理が行われ、そして赤外線分光分析による漆成分や含有物の同定も見城敏子によって始められていた。さらに、漆塗膜の断面を薄片にして顕微鏡で塗装工程や混和材・顔料の有無などが観察できるようになり（永嶋 1985）、このような分野の研究者が、漆文化の科学的な解明の基盤を作っていった。また低湿地遺跡の発掘件数の増加に伴って漆製品の発見が増え、さらに注目されるに及んで、これら研究者が、漆工程に用いられる漆液容器や漉し布の発見・抽出と一連の漆工程の復元なども進め、遺跡から発見される漆

文化の解明をリードするようになった。

　寿能遺跡の発掘調査報告書では、漆製品の諸相を実証的・定量的に捉え、漆塗膜や漆液容器などの分析によって漆工芸技術も解明が進み、クリなどと同様にウルシも保護・管理して漆液を計画的に採取していた可能性が高いと見通していた（埼玉県立博物館 1984）。

　それらの調査研究以後も、低湿地遺跡の発掘が断続し、多くの情報をもたらしている（岡村 2001）。最近の10年で話題になった低湿地遺跡だけでも、琵琶湖東岸の滋賀県入江内湖遺跡、北陸で富山県桜町遺跡、石川県中屋サワ遺跡、新潟県の青田遺跡や野地遺跡、関東では埼玉県石神貝塚遺跡、神奈川県羽根尾工業団地遺跡、東京都下宅部遺跡、青森県の向田（18）遺跡や再発掘された是川中居遺跡などがある。

　低湿地遺跡の調査は、地質学や堆積学、植物学など関連の自然科学分野との提携、共同研究を進めてきた。そして漆そのものについて、さらに最近はウルシという植物そのものについても解明が進み、次々に漆工の実態と技術の高さなどが明らかになっている。なお、植物はウルシと表記し、人間が係わった漆・漆文化については漢字で漆と表記する。

　2001年に函館市（旧南茅部町）垣ノ島B遺跡では、約9000年前の墓から遺体の頭部、両肩から腕と手首や膝に相当する位置で、それぞれに漆繊維製品が発見された（口絵1～3、南茅部町埋蔵文化財調査団 2002）。世界最古の漆製品であると同時に、当時の服飾や埋葬の実態を明らかにした。これに前後して初期の漆文化に関する資料も増えて、その初源とルーツにも関心が高まっている。なお、北海道の南半には、墓に漆製品が副葬・装着されて発見されることが多い。恵庭市カリンバ3遺跡の大型土坑墓からは、赤漆塗りの櫛・腕輪などの装身具と帯などの装束が多数発見され、それらをまとったシャーマンと思われる特殊な人物の姿が髣髴とさせられた（口絵38～43、恵庭市教育委員会 2003）。

漆器・漆製品は、低湿地遺跡では赤く、時には黒く輝いて見つかり、漆が塗られているために腐りにくく、形も比較的よく残っている、とても目立つ製品である。また、ウルシの木の育成から、漆の掻き取りと精製・塗布まで、長時間にわたる複雑な工程があり、高度な技術を要する。近年はこの工程を示す、漆液を加工したり、貯蔵、塗布するための漆液容器、漆漉し布などの漆工用具が、次々に発見され、工程の具体的な様相が次第に判明している（口絵7・8）。「物づくり日本」を代表する高度な技・文化が日本列島に数千年も続いていたことが明らかになってきた。また自然を育て共に生き、自然——特にこの場合は植物の特徴——を熟知して、調和的に利用（植物利用の極致）して暮らした日本人の生き方をも象徴する。縄文時代から続く、世界に誇れる日本文化の本質を物語る物質文化である。

第1章　縄文の漆文化の変遷と地域性

1．是川中居遺跡の漆文化

是川中居遺跡の再発掘

　青森県八戸市是川中居遺跡の南側の谷・低湿地に堆積した縄文時代晩期前半の「特殊泥炭層」は、1926年に地元の泉山兄弟が始めて発掘して以来、さまざまな優れた出土品が発見されることで注目を集めた。泉山兄弟だけでなく、1929（昭和4）年には大山史前史学研究所が学術調査するなど、昭和の初めまで断続的に発掘調査されてきた。その後も是川中居遺跡は、八戸市の考古館・歴史民俗資料館・縄文学習館の建設に伴って、居住域・墓域など丘陵上の発掘調査が行われてきた。そして1999年、約60年ぶりに再びその南側の低湿地部分が、八戸市教育委員会によって発掘調査された。さらに保存・活用を目的にして、遺跡の広がりや構造などを把握するために、2004年まで発掘調査が継続された（八戸市教育委員会 2002・2003・2004・2005）。その間、遺跡北側の低湿地・長田沢に形成された晩期後半の捨て場も発掘調査された（図1）。

　南側の低湿部を地下1.3mほどの深さまで掘ると、水を多く含んで湿った黒色の「特殊泥炭層」に至る。その層は、縄文人が食べたクルミ・クリ・トチの殻皮、草木などと、土器破片や石器、時には木材や木器・漆器などが堆積したものである。これらは、沢に捨てられたもので、流れる地下水に護られて腐らずに残っていたのである。水によって空気・酸素が遮断され、地下水の冷たさ

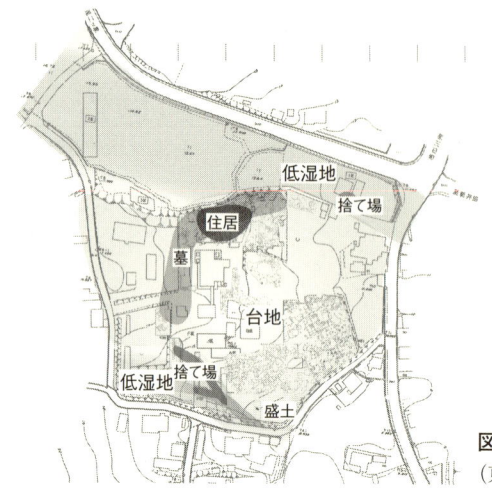

図1　縄文時代晩期の是川中居遺跡
（東奥日報社 2005）

によって細菌などの活動が抑えられたため、腐り切らなかったのである。低湿地は、通常、腐ってしまう植物質の道具やその作りかけ、植物質食料を加工した屑や食べカスが残っている貴重な場所である。このかつて「特殊泥炭層」と呼ばれた地層は、前述したような植物遺体や人工遺物などが廃棄されて累層したもので、そこに生育した植物が枯死して自然に埋積した泥炭とは区別して、「植物遺体屑層」と呼ぶのがふさわしいとの指摘がある（吉川昌 2002）。遅くとも早期初めの神奈川県藤沢市No.106遺跡に始まり、埼玉県桶川市後谷遺跡、新潟県青田遺跡や野地遺跡などで、トチ・クルミ・クリなど堅果類が廃棄された集積地点（炭化物集中、炭化物集中範囲、炭化物集中区などとも呼ばれる）群が、確認されている。貝塚に廃棄された貝層やそれらの累積に相当する「堅果類などの（廃棄）層（群）」ともいえよう。低湿地に形成されたこのような廃棄層から、土器・石器、堅果類や種実などの植物遺体などと共に漆製品が発

第1章 縄文の漆文化の変遷と地域性　7

図2　水をたっぷり含んだ土の中から出てきた漆製品　上：漆塗り櫛　下：木胎漆器の鉢　青森県是川中居遺跡

見される。なお、陸上の乾燥した遺跡にも漆製品は残されているはずであるが、漆が塗られた土器や漆液が入ったり付着した土器（漆液容器）、漆の塊は発見されても、漆製品の発見はなかなか難しい。

　発掘現場から漆器が出てきた瞬間は、つやつやした赤い光沢があって鮮やかだ（図2）。周りを注意深く掘り下げていくと、曲線文様が彫刻された赤漆塗りの木製の鉢だった。発掘に直接携わる私たちだけが、目の当たりにできる感動の一瞬である。約3000年前の本物に近い色とつやをもっている。現場によっては、その色艶をすぐさま記録するために、カメラをポケットに入れて発掘を進めている。木の葉の緑、紅葉の色、木材の色が現在と同じように残っている。しかし、それらの色は空気に触れて見る見るうちに黒ずんで退色し、乾いて艶を失っていく。

　南側の沢と北側の長田沢に形成された低湿地性の捨て場、つまり「堅果類廃棄層」を再発掘調査した結果、かつて発掘されて重要文化財に指定された漆製品に勝るとも劣らない種類と数の優品が発見された。なお、木器、漆製品、木材などの樹種同定は、鈴木三男・能代修一らによって行われている（能代・鈴木三ほか 2007）。

是川中居遺跡の漆関係遺物（口絵15～37、表1）

　南の沢に形成された3か所の「堅果類廃棄層・捨て場」からは、赤漆を塗って仕上げた木製の台付皿、皿、浅鉢、台付鉢、鉢が発見された。これらは漆塗り木製容器と呼ばれている。台付皿の台部には、同形の土器と同様な透かし文様が彫り抜かれている。

　また飾り弓には、下地全体に赤漆を塗って黒漆で文様を描いたものと、黒漆塗りの木製弓がある。また柄頭と鍔の部分が円形に作り出され、刀身の先端に当たる部分と共に文様が刻まれた「飾り太刀」と呼ぶ木製品が発見された。男の威信、権威の象徴として使われたのかもしれない。

第1章　縄文の漆文化の変遷と地域性

表1　是川中居遺跡の漆製品　①漆・赤（ベンガラ・赤色顔料）塗り土器

	重文		長田沢		C・D区		F区		I区		L区		H区		合計	
	漆	赤	漆	赤	漆	赤	漆	赤	漆	赤	漆	赤	漆	赤	漆	赤
皿				2												2
浅　鉢	5	3	1	6						2	3	1			9	12
鉢				4	2	1	1		1	1					6	4
深　鉢				1						1		1				3
台付鉢	3	3		1					2				1		4	6
壺	28	16	4	8	4	2	9		1	2		3	8	1	54	32
注口土器	1	2		1							1		2			3
香　炉												1				1
小形土器			7								2				9	
合　計	37	24	5	30	6	3	12		2	6	13	8	75	1	75	72
復元個体数	343		260		69		75		27		31		整理中		805＋α	

②漆塗り木製品

	重文		長田沢		捨て場1・2		捨て場3		合計
	漆	白木	漆	白木	漆	白木	漆	白木	
皿					2	1		1	4
台付皿					2				2
浅鉢			1		1				2
台付鉢	1								1
鉢			1		2	1	1	1	6
樹皮製容器	1						2		3
籃胎漆器	2				5		3		10
太　刀	1							2	3
弓	5				4		10	1	20
櫛	4				2		4		10
腕　輪	5				4		2		11
耳飾り	3		1		1				5
合　計	22	0	3	0	23	2	22	5	77

装身具としては、結歯式の漆塗櫛、ヘアバンド（？）、耳飾り、腕輪が出土している（口絵15～25）。赤漆塗りの櫛は、数本の木串を並べて頭部を横材に組み縛り、隙間に木屎漆などを充填して形を整え、漆を塗って仕上げる。材の多くはムラサキシキブを用いている。頭部（棟部）は、単純な山形で、上辺の両端にＢ状突起（対になる２個の突起）を付けるもの、中央に十字の透かしをもつ北海道で後期後葉に盛行した古式なタイプも出土している。

　耳飾りには、滑車形と鼓形がある。赤漆地に彫り込んだ入り組み文に黒漆を塗って際立たせたトチノキ製の滑車形は、赤と黒漆のコントラストがみごとである。なお、完形なので樹種同定ができていないが、耳栓形の耳飾りが長田沢の捨て場から出土している。赤漆塗りで表面の外縁には刻みが巡っている。

　腕輪は、トチノキあるいはニシキギ属の木を輪に削り出して赤漆を塗ったものが多い。北海道余市町沢町遺跡の晩期の墓で遺体が両手首に付けていたと考えられる一対になった木胎の腕輪（図３）と同タイプのものである（余市町教育委員会 1989）。いずれも７×６cmほどの内径をもつ。同様な晩期の木胎腕輪は、青森県の土井Ｉ号遺跡や朝日山（２）遺跡などでも発見されている。また、ヤナギ属の木を太めに幅広く削り出し、シダ状の文様を彫刻して赤漆を塗った幅広肉厚タイプの腕輪もある。新潟県長岡市（旧和島町）大武遺跡の晩期からも、雲形文風の彫刻が施された幅広肉厚タイプの腕輪が発見されている（春日 1997）。このタイプは弥生時代に引き継がれていく。他にもマタタビ属の蔓を丸めて赤漆を塗った別な作りのものがある。

　北海道カリンバ３遺跡では、外径15～10cmの腕飾りが34点発見されている（図４）。大きさから上腕部に装着されたものが多いと考えられている。植物の皮か茎を芯にして撚り糸を巻きつけたもの、草皮を縦巻きにして膨らみ・突起・ブリッジなどを作り出したもの、動物の皮を素材にして幾何学的な文様が彫られたものが報告されている（図４下）。さらに他の遺跡では、繊維製品や樹皮を胎（全体の形を保つ芯になるもの）にしたり、繊維に繊維や樹皮をモー

第1章　縄文の漆文化の変遷と地域性　11

図3　土坑墓出土の赤漆塗り木胎腕輪とその出土状況（下中央）　北海道沢町遺跡

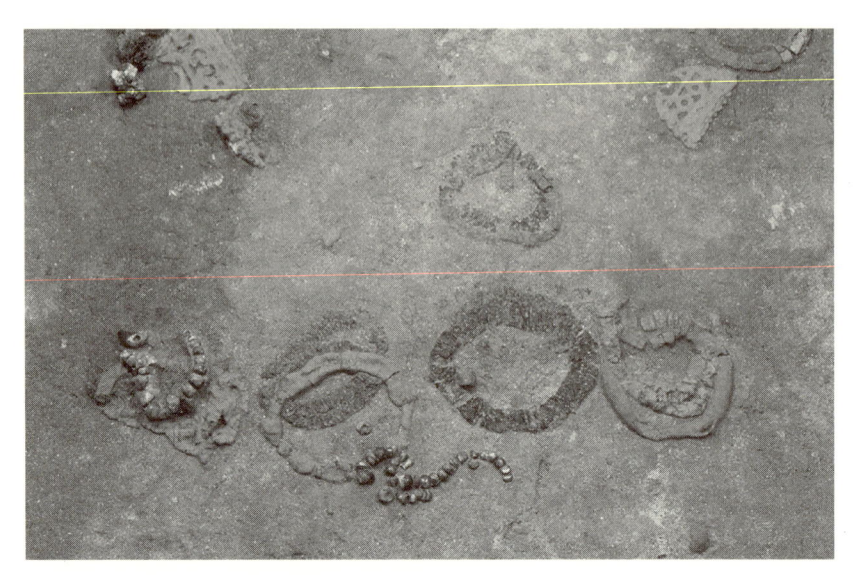

図4　漆塗り腕輪の出土状況（約3000年前）上：118号墓　下：119号墓　北海道カリンバ3遺跡

ル状に巻いて胎にした腕輪が知られている（恵庭市教育委員会 2003）。新潟県青田遺跡では、植物の茎や蔓を素材にするもの、茎などの芯に樹皮や植物繊維を縦巻きにして表面に凹凸をつけたもの、樹皮を折りたたんだ芯に樹皮を螺旋状に巻きつけたもの、削り出し木胎のものが合計13点出揃っている（図5、新潟県教育委員会・(財)新潟県埋蔵文化財調査事業団 2004）。

　以上、結菌式の櫛と蔓製の腕輪以外は、木を刳り貫いたり削ったりして形を作り、漆を塗って仕上げた木胎漆器と呼ぶものである。

　細いタケ製のヒゴや量的には少ないが木製のヘギを編んで皿・浅鉢・壺を作り、櫛同様に隙間を木屎漆などで充填し、赤漆を塗って仕上げた籃胎漆器も是川中居遺跡から発見された。また、ケヤキの樹皮を立木から縦に長く剥ぎ、裏を外側にして横に長く使って（「裏見せ横使い」という）丸めて綴じた曲げ物が、少なくとも2点発見された。いずれも大型の蓋付曲げ物で、黒漆で下地塗りして赤漆を塗ったものと、上下端に半円を連続させ、体部に連珠で入り組み風の文様を描いたものが発見された。いずれも蓋を被せると、全体が赤漆で覆われる効果を仕組んでいる（図6）。この発見によって、縄文時代にも樹皮製品が普及していた見通しが広がった。

　さらに両地区の沢跡から75点以上の漆塗り土器が発見された（表1－②）。特に赤漆を塗って仕上げた土器が多く、壊れにくいこともあって、壺が圧倒的に多く発見される。他に浅鉢、台付浅鉢、注口土器も知られ、三叉文・入り組み文・シダ状文・C字文などの単位文様が彫り込まれていることが多い、精製されたハレの土器であった。

充填材、接着剤などとしての漆利用

　漆は器物や繊維に塗られ、籃胎漆器や櫛の棟（頭）部などの編み物・組み物（編組製品）に充填材とし利用された。また是川中居遺跡では、破損した頭部の破損部全体に漆が塗られた遮光器土偶が発見された。漆を塗って再利用した

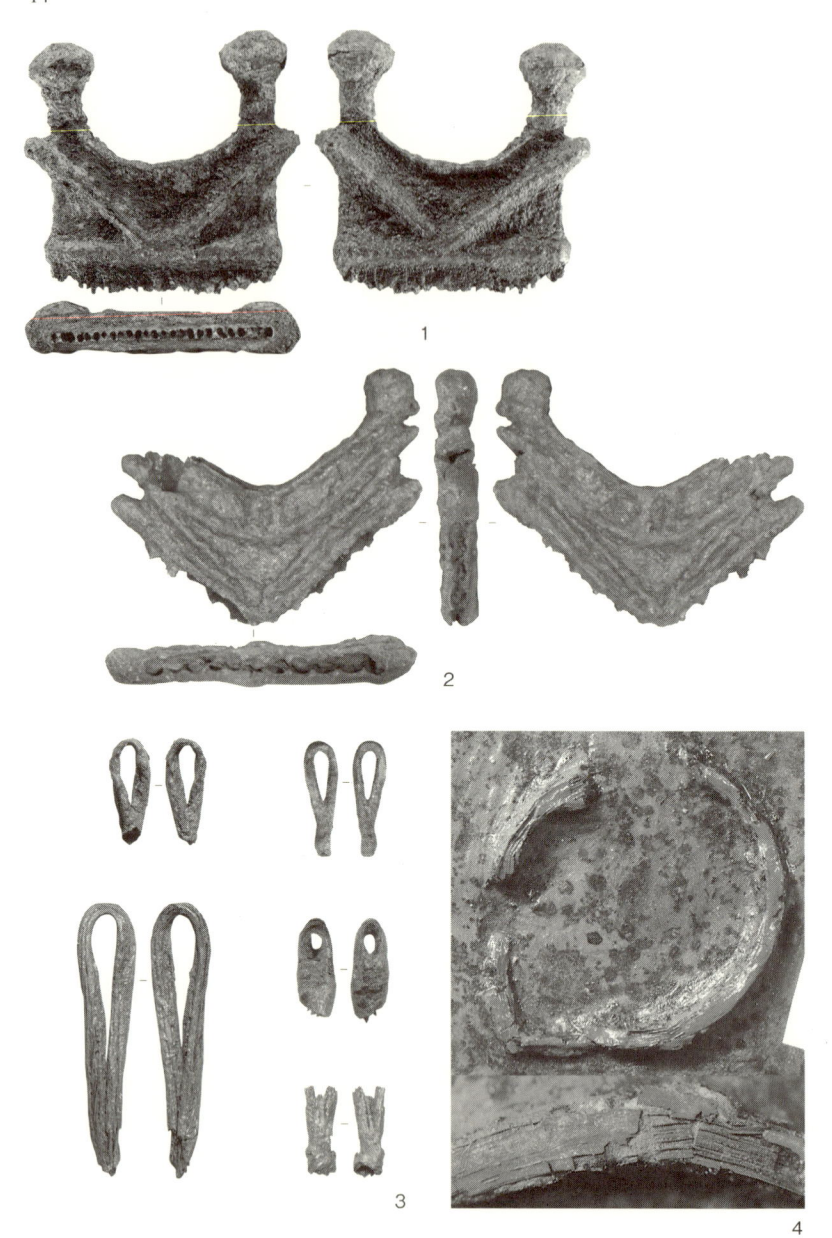

図5　漆製品のいろいろ（1・2.櫛　3.ヘアピン　4.腕輪）　新潟県青田遺跡

第1章　縄文の漆文化の変遷と地域性　15

図6　漆塗り樹皮製曲物（復元製品）　青森県是川中居遺跡

のであろう。さらに、注口部が破損したために漆で接着し注口土器の例、土器体部に開いてしまった穴に木器片を当てて漆で接着・補修した例などがしばしば知られる。また、埼玉県さいたま市寿能遺跡では石鏃を矢柄に装着・接着するために漆を用いていた（図7）。接着剤としてのアスファルトが北東北の中期後半以降、そして後期以降に北海道南半から東北、北陸の北部まで普及する以前と普及しなかった地域では、マツなどの樹脂やニカワなどと共に膠着・接着材として漆が利用されていた可能性があろう。

漆精製工程を示す道具類（漆工用具）

　是川中居遺跡の北側には長田沢と呼ぶ大きな沢が入っており、その低湿地部の東側にも晩期後半の捨て場が形成されていた。そこからは木製品・漆製品などと共に、漆を漉した編布が2点発見された（図8）。漆に混入したゴミや粒の粗い顔料などの不純物を取り除くための漉し布である。衣類と同じ布を利用したと思われるが、漆が付着したために腐らずに残った。縄文時代の布の希少な現物であると共に、漆の精製過程を如実に示す貴重な資料である。1点は、残存長約9cm、厚みが1.5cmで、1cm四方に横糸10本、縦糸5本が密に編まれた布である。漆を包んで円筒状に絞った状態で、表面に茶色の漆が滲潤して固化したものである。その絞り方から左利きであったとみられている。もう1点は、残存長約10.5cm、厚みが2.4cmで、1cm間に4本の横糸を1から2cmの幅広い間隔で縦糸がかがられている粗い目の布である。右利きの手で絞られ、こげ茶色の漆が滲潤して固化している（尾関 2002a）。

　また漆が内部に付着していたり、厚く溜まっている土器も発見された。小型の鉢形土器には、口縁部の近くまでたっぷりと漆が溜まって固まっていた。他にも鉢に貯蔵されたままのものや（図9）、壺の内面に漆が厚く付着した漆の貯蔵を示す土器があり、鉢と壺1点ずつは漆が焼け固まっている状態のものもある。採取した後に貯蔵した漆、あるいは熱を加えてクロメ・ナヤシ段階か、

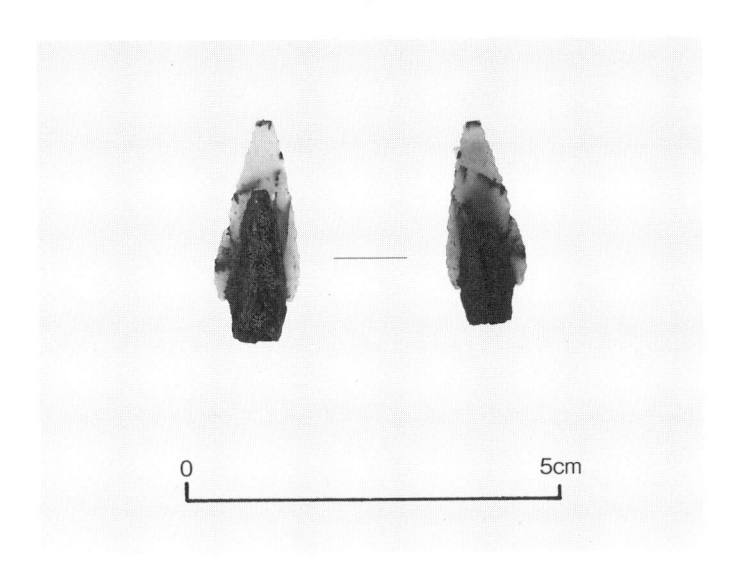

図7 接着剤としての漆(石鏃の装着例と土器注口部をふさいでいる例) 埼玉県寿能遺跡

その後に焼かれて放置されたものであろう。また台付鉢の台部破片の内側に、漆が薄く貯まった状態で発見された。漆を塗る時に用いられたパレットと思われる。

ウルシの木、種子・花粉

是川中居遺跡の低湿地部からは、鈴木三男ら（鈴木三・小川ほか 2007）によって同定された同時期のウルシの加工木と自然木が発見されている。また、わずかであるがウルシ属の花粉や内果皮も発見されていて、ウルシである可能性がある。

是川中居の晩期集落におけるウルシ利用

ウルシの木が発見されており、漆の貯蔵・精製に用いた土器や、塗りの際に用いたパレットなどの漆液容器、集落内で漆を漉した布などのも見つかった。これらの存在は、この集落の周辺でウルシ林が管理されて、漆が搔き取られ、

図8　漆漉し布（ほぼ原寸大）　青森県是川中居遺跡長田沢地区

第 1 章　縄文の漆文化の変遷と地域性　19

図 9　漆液容器　青森県是川中居遺跡長田沢地区

集落内で漆の精製、塗布までが行われた証拠である。廃棄されて残っていた漆塗りの道具類は、重要文化財になったものを含めても70点ほどである。是川中居遺跡の集落規模は、未発掘部分があり、仮に居住用の掘立柱建物などが存在していたとしても、居住用の建物が数棟程度で構成された小規模な集落だったであろう。

　このような集落においても漆工が行われ、目を見張るような漆製品が製作・使用されていたことがわかる。一方で際立って優美な漆製品の数々に目を奪われるが、失われたものを考慮しても数百年の累積結果としては数量的には少なく、一時期に数点が1セットになったハレ（祭儀用）の道具立てに見合う程度だったと考えられる。

2．晩期、亀ヶ岡文化の漆工芸

　是川中居遺跡は、亀ヶ岡遺跡と並んで北海道から東北地方全域に広がった亀ヶ岡文化を代表する遺跡である。この2遺跡や秋田県の中山遺跡や戸平川遺跡、宮城県の山王囲遺跡、福島県の荒屋敷遺跡などの低湿部から出土した漆製品は、亀ヶ岡文化における漆文化の実態を良く今日に伝えている。

　木胎の漆塗り容器である皿・台付皿・浅鉢・台付鉢・鉢・高杯（壺形の木胎漆器は存在しない）、漆塗り土器の7割を占める多くの壺を初めとして浅鉢・鉢・台付鉢・ミニチュアとわずかに香炉形や注口土器がある。なお、主に煮炊き・貯蔵用といわれる深鉢形土器に漆が塗られることは、きわめて少ない。長田沢の捨て場では、復元して完全な形が推定できる土器260点の内、漆が塗られたもの5点（2％）、赤色顔料が塗られたもの30点であり、このようにハレの土器はきわめてわずかであった。そして、ほぼ同数くらいの皿・壺・鉢形の籃胎漆器がある。

　なお、晩期中葉から後葉が主体の宮城県山王囲遺跡では、多くは皿・浅鉢形の36点に及ぶ籃胎漆器と赤漆塗りの結歯式櫛45点、腕輪13点、浅鉢形土器19点をはじめとした壺・鉢・注口形などの土器、木製匙、赤漆塗り（ヌマガイ）貝殻、漆漉し布などの漆関係遺物が発見されている（図10〜14、伊東・須藤1985）。低湿地の捨て場から発見された大洞C_2〜A式土器型式期を代表し、弥生時代初頭への変遷がたどれる漆文化の一級資料である。しかし、遺物整理が完了しておらず、未報告であるため、実数の増加と組成の変更が予想される。

　今のところ漆塗りの樹皮製曲げ物は、是川遺跡で2点発見されているだけであるが、秋田県戸平川遺跡でも樹皮製曲げ物が発見され、今後大いに発見されるであろう。漆塗りの樹皮製曲げ物もハレの容器の一員を構成していたのだろ

図10　彩文籃胎漆器　宮城県山王囲遺跡

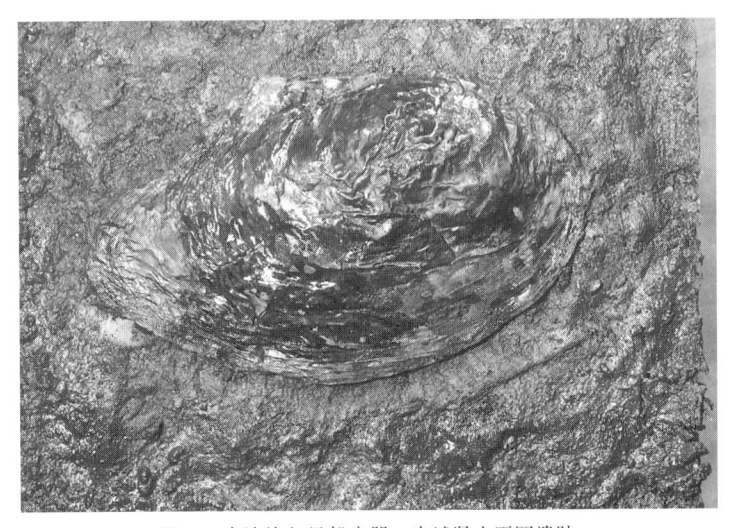

図11　赤漆塗り貝殻容器　宮城県山王囲遺跡

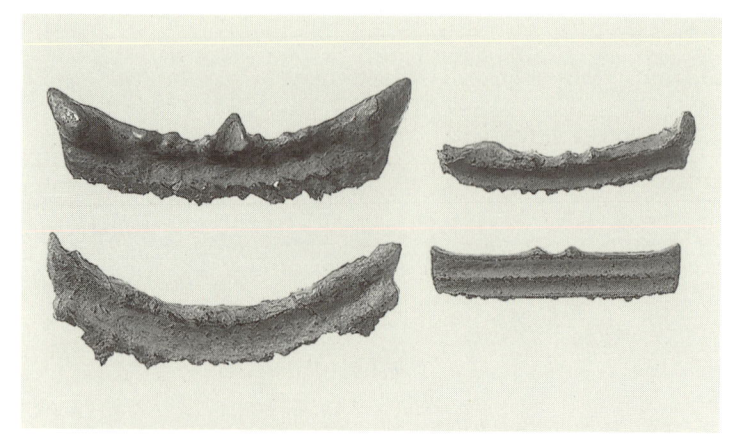

図12　漆塗り櫛　宮城県山王囲遺跡

図13　漆塗りハケか？　宮城県山王囲遺跡

第1章　縄文の漆文化の変遷と地域性　23

図14　朱漆塗り紐出土状況　宮城県山王囲遺跡

う。さらに赤漆塗りの大型二枚貝殻が、是川中居遺跡と山王囲遺跡などで発見されており、ハレの容器（供献具）として用いられていたと思われる。

　漆塗り装飾品の3点セットは、櫛、腕輪、耳飾りで、櫛・腕輪は漆塗り木胎容器や籃胎漆器に匹敵する数が発見される。なお、北海道では櫛が後期後葉から多く知られ、特に墓から発見されることが多い。つまり、埋葬された人の死装束に、櫛が装着される場合が目立っている。このほか威信具、鹿角製の腰飾り（儀杖の柄頭）と同様な役割だったと思われる「飾り太刀」もわずかながら知られる。「飾り太刀」については、その復元製作実験に当って福田友之が、それまでの報告所見を踏まえて再度の観察を行い、もともとは長さ75.2cmの木刀形をして柄の両端に瘤を作り、渦巻き状の文様を彫っていること、刀身または鞘に当る部分は扁平で両側面は連続して深く削り込んで乾漆のようなものを添えて波状に作っていること、この両面には小孔が1.3～1.5cm間隔で35か所ずつにあり、鞘尻に当る部分の小孔4か所と共に小玉を象嵌していたらしいこと

を、明らかにしている。また全体の反りも後の歪みで、本来は真直ぐな形だったと見ている。つまり、棒状の杖に似たものの両側・先端に小玉を象嵌した「赤漆塗り玉杖」であったらしい（市川 1993）。

　紐や樺が巻かれ漆が塗られた弓は、「飾り弓」と呼ばれ、数量的には漆塗り木胎容器や漆塗り土器の倍ほどの数量が知られる。完成した白木弓は、わずかにしか発見されておらず、「飾り弓」が、弓としては一般的だったようだ。合計17点のまとまった資料が発見されているのは、是川遺跡だけである。長さは130cmほどで全体に黒漆を塗り、要所にヤマザクラなどの樹皮を巻き、その部分に赤漆を塗っている。本弭はくびれた瘤状に作り出し、末弭は尖っている場合が多い。ニシキギ属の材を圧倒的に多く用いている。このような漆塗り弓の特徴は、関東で11点が発見されている東京都下宅部遺跡でも同様で、ニシキギ属と次いでイヌガヤの枝材を用い、梢側と枝元の太さを削って調節し、両端に刻みを入れたり削って弭を作り出している。漆が塗られていない尖った先端は骨角製弭が装着された末弭と考えられる。まず下地に漆を塗り、要所に糸や樹皮を巻きつけて漆で固め、糸巻き部分に砂を混ぜた漆を塗布する場合も多い（下宅部遺跡調査団 2006）。また滋賀県の松原内湖遺跡で出土した後期の飾り弓1点も丸木弓で、全長158cmあって最も太いところで直径3.2cm、4か所にヤマザクラの樹皮を巻き、その上から糸を巻いて全体に黒漆を塗り、一部に赤漆の文様があった痕跡が認められる（滋賀県教育委員会 1992）。同県大津市滋賀里遺跡から出土した晩期の飾り弓2点も、糸巻き部分をもち赤漆塗りで仕上げた類似品である。また、今のところ日本最古の飾り弓は、福井県鳥浜貝塚出土の前期の例である。割り材を削り出した材を用いて、端部をコブ状に削り出したり、ヤマザクラの樺を巻いて弭を作り、樺を巻いて赤漆を塗っている。基本的に縄文時代の弓は共通した特徴をもっていたらしい。

3．北海道・北東北の後期後葉から晩期の櫛

カリンバ3遺跡の墓出土の漆製品

　北海道の縄文時代では漆製品を出土している遺跡が、59遺跡あり、この内後期に属する遺跡が28か所、晩期が18か所でこれらが全体の約8割を占める。つまり、北海道では後・晩期に漆文化が最も発達し、特に石狩低地以南に盛行した。また土坑墓から漆塗りの装着・副葬品として結歯式櫛、腕飾り、耳飾り、玉類が多く発見され、弓もしばしば副葬されている。一方、低湿地の捨て場に残っていた例は、忍路土場、美々4、安芸、紅葉山№49遺跡などである。半数近い遺跡からは櫛が発見され、数量も多く、次いで弓、腕飾り、耳飾り、玉類などが少数見つかっている。これに対して青森県など東北北部では、晩期になると低湿地遺跡で漆製品が目立って発見され、墓から櫛・籃胎漆器が装着・副葬されて発見されるのは数遺跡にとどまる。

　結歯式櫛は北海道を中心として後期中葉から突如として増え、特に墓から発見されることは先述したが、低湿地遺跡から一定数量の漆製品が出土した忍路土場遺跡でも、櫛が圧倒的多数を占める。他には漆塗りの木胎容器や弓、赤漆塗り糸製品が少数発見されているだけである。後期中葉の櫛は、棟部の上辺が内湾する細長い台形で、透かしのあるものはない。次いで後期末になると、恵庭市のカリンバ3遺跡や西島松5遺跡などのように墓から漆製品が発見される例が、特に道央部においてさらに顕著になる。櫛は数も多く、大型のものが発達し、透かし飾りがデザインとして多用された（後出の図75、上屋 2006）。

　後期末のカリンバ3遺跡では、土坑墓から発見された漆製品は128点あり、内訳は櫛47点、腕輪27点（内獣皮製と推定されているもの2点）、頭・耳・額飾りの繊維製品16点、ヘアピン（棒状漆製品）3点、紐状製品（リボン）1点、

腰飾り帯2点、漆玉34点などである（口絵38－43）。櫛は棟部に透かしのあるものと無いものがほぼ同数あり、両者が対になって装着されていた例もいくつか確認できる（恵庭市教育委員会 2003）。西島松5遺跡では、櫛45、腕輪など環状製品27、垂飾り・玉など34（2基の墓より）、腰飾り帯2、ヘアピン1、その他漆製品32点などが、33基の土坑墓から合計141点発見された。櫛、腰飾り、腕輪などの漆製品はもとより、サメ歯を並べた鉢巻状額飾り、石製玉類・ネックレスなどの特徴も、カリンバ3遺跡ときわめてよく似ている（（財）北海道埋蔵文化財センター 2009）。

なおこの後、北海道では晩期になると櫛は数量も激減して、中葉には苫小牧市柏原5遺跡の出土例のような単純な半円形や、松前町上川遺跡のような細い長方形の棟部をもつ櫛に変化していく。

東北地方の晩期の櫛

一方、東北では晩期前半になって櫛が発達し、棟部上辺の両端にB状突起をあしらった縦長の山形タイプが、是川中居遺跡などで主流となる。このタイプは同時期の新潟県野地遺跡、栃木県寺の東遺跡などでも一般的であり、亀ヶ岡文化圏よりさらに広く普及していた（口絵4・5）。晩期中葉には亀ヶ岡文化圏の秋田県戸平川遺跡や青森県上尾駮（かみおぶち）遺跡でも、細い長方形の棟部となり、関東や北陸の南部、四国の瀬戸内海側までこのタイプが分布している（後出の図77）。

また宮城県山王囲遺跡では、中葉から後葉の結歯式櫛が45点も発見され、細長い台形から逆アーチ状に反る棟部への変遷が、層位と共伴の土器によって確かめられるようだ（伊東・須藤 1985）。

また晩期の北海道南部（道南）から津軽・陸奥湾岸の墓には、櫛と共に籃胎漆器が副葬されるケースがいくつか見られ、津軽海峡を挟んで共通する埋葬習俗として認められる。ただし、北海道の後晩期の墓には、多種の装着品が見ら

れ、漆塗りの弓が副葬されることも多い。このような特徴は北海道では、後の続縄文文化以後にも受け継がれていく。

　さらに、亀ヶ岡文化末期になると新潟北部から会津の鳥屋式土器文化圏で、強い逆アーチで上辺の両端に角状の突起が発達する独特のタイプの櫛が見られるが、これを最後に東日本の櫛文化は低調になり消滅するらしい（図77）。ただし、北海道東北部の続縄文文化と近畿以西の縄文晩期から弥生時代にはしばしば発見され、縄文の櫛の伝統が継承されたと考えられる。なお櫛は、文化圏を越えた広域の分布と変遷を示しつつ、北海道、東北、関東、北陸、近畿ごとに強い地域性をもち、現代まで特別な意味をもった装身具であったといえる（田坂 1995）。

結歯式櫛の製作

　ここで最も発達した漆器である櫛の製作方法、工程について解説しておこう。太さ4mmほどの円形に削った櫛歯材（時には断面が、長方形や三日月形の割り材もある）を10本前後並べて横架材に掛けて組み、糸や紐で縛って骨組みを作る。この組み方でおおよその形が決まる。歯材や糸紐の結び方、組み方によって頭部両端や平坦面の装飾的な突起が作り出される。

　骨組みを固定し、下地をかねて漆に植物質を混ぜた木屎漆を塑形材として塗り・充填する。透かしは、骨組みの段階から孔を開ける場合もあるが、多くは塑形した後に穴を開けている。塑形材によって全体は平坦化するが、横架材や糸紐の凹凸を生かして文様としたり、骨組みの隙間を利用して透かし文様にしている。最後に漆を塗って仕上げる。赤漆を塗る場合が圧倒的に多い。

籃胎漆器

　籃胎漆器については、すでに永嶋が概要についてまとめている（永嶋 1985・2002）。それに加えて近年は、器形のバラエティ、分布の広がり、製作

の工程・方法の多様性などについて、新しい知見がある。それらを総合すると、まず細く割ったタケ類で壺・ザル（皿・浅鉢）・カゴ（鉢）の形に編んだもの「籃」を「胎」として製作する。細材を底部から網代やござ目に編み、胴部を立ち上げ、縁をかがって留めて胎を仕上げる。それに漆を塗って固着し、さらに隙間を樹皮粉末や軟らかな木質などの植物質素材を混和した木屎漆で充填して形を整え、仕上げに赤漆を塗ったり、黒漆を塗って赤漆で文様を描いている。土器よりも薄手ではるかに軽く水漏れしない。丈夫で装飾製に優れた容器である。すでに発達していた編み物技術と漆工技術が組み合った高級な漆製品である。

籃胎漆器は、縄文時代前期の山形県押出遺跡で1点疑問あるものが報告されているが、晩期になって北陸、関東、中部、東北、北海道南半で普及した。宮城県山王囲遺跡では、晩期中葉から後葉（大洞 C_2〜A式土器型式期）にかけて層位的に、合計36点の籃胎漆器が出土した。それらは、直径30から10cmに復元される平面か円形あるいは楕円形の皿形が多いが、中には小型の楕円形浅鉢や壺形もある。これらには、大洞 C_2〜A式期の黒漆地に χ あるいは π 字状などと呼ばれる単位文様を、赤漆で点対称や複雑に連続させて幅をもって描いているものがある（図15）。同様な斉一性の強い漆文様が描かれた籃胎漆器は、亀ヶ岡遺跡、宮城県根岸遺跡でも発見されている。この期の前、大洞 C_2 式型式期には、亀ヶ岡遺跡・是川遺跡・宮城県沼津遺跡で渦巻状のC字を単位文様とする雲形文が描かれた皿形の漆彩文土器が見られるが、これに代わって漆文様が描かれた籃胎漆器が、大洞 C_2〜A式土器型式期に盛んに用いられ、供献的な役割をもつと推定された（伊藤玄 1974）。そして藤沼邦彦は、青森県の亀ヶ岡遺跡・今津遺跡・宇鉄遺跡、秋田県戸平川遺跡、岩手の大日向遺跡・大芦遺跡、宮城県の里浜貝塚・沼津貝塚・永根遺跡などから出土した同時期の26点の漆彩文土器（このうち10点は亀ヶ岡遺跡出土）を検討して、籃胎漆器の文様は亀ヶ岡遺跡から出土した2点の大洞 C_2 新式の漆彩文壺形土器の文様の

影響の下にあるとした（藤沼 2008）。なお、須藤隆は、仙台湾以北の晩期中葉から後葉にかけての亀ヶ岡文化圏で共通した意匠をもつ籃胎漆器が生産されていたことは、この地域の「基幹」集落で専業的集団が製作して広く供給していたと考えている（須藤 1996）。

　ところで籃胎漆器の胎である編み物材は、ほとんどが腐朽・消失している。塗膜と塑形材が残ったため、かろうじて形を保ち、墓穴の中や低湿地から発見される。貝塚の貝層や遺跡の遺物包含層を水洗すると、微細な漆膜が見つかる場合も多いので、乾燥した土壌中にも存在したのであろう。しかし、丁寧に掘られることの多い墓はともかく、検出するのは大変難しい。

　籃胎漆器の塑形材に残された編み物の圧痕から、籃の編み方や編み目数などが復元できる。新潟県野地遺跡や福島県荒屋敷遺跡では、塑形材や下地に、白い粒子や珪藻土が確認されている。また塑形や黒色をつけるためかアスファルトの使用が想定される場合もある。なお、籃胎漆器は、晩期末・弥生時代には見られなくなる。

圧倒的に多い赤漆仕上げ

　縄文人は赤色や黒色に見える漆を土器、木胎・籃胎、繊維・編み物製品などに塗った。これら漆製品には、その当初から一貫して赤色漆が多用された。

　東北北部、青森県の晩期では90％ほどが赤色漆仕上げで、特に壺はほとんど赤色に塗られ、浅鉢や皿などに少し黒色漆塗りが見られる。また、前述したように亀ヶ岡遺跡の浅鉢形土器とわずかだが壺・籃胎漆器には、黒色の漆地に赤漆で文様を描いた漆彩文土器が発見されている。

　一方関東の後晩期を代表する埼玉県さいたま市（旧大宮市）寿能遺跡の中期から後期後葉の漆塗りの道具類を見ると、全体では73％が赤で、後期中葉になると80％に増える傾向が見える（堀越 1993）。壺が用いられることが少ないためか、赤色漆塗りの鉢形土器が多く、比率も高い。櫛もほぼ同数が発見されて

図15 籃胎漆黒の文様（須藤 1998）

いて、すべて赤色漆塗りであった。また関東では、杓子・匙や取手付の容器が多いが、これらには黒と赤色の漆がほぼ同数に塗られている。

　いずれにせよ赤色漆塗りが圧倒的に多く、縄文人は、赤をハレの色として珍重していたことがうかがえる。赤は、血や炎の色、ハレの色、再生・隆盛の色だったのであろう。

4．関東・中部日本海側の後晩期の漆文化

　近年、関東・中部日本海側でも後晩期のまとまった漆関係資料が発見され、この地域の後晩期の漆文化の概況が語れるようになった。新潟県胎内市（旧黒川村）分谷地A遺跡では、後期前葉の鉢と皿などの容器が19点出土していて、漆製品の主体となっている。このうちの取手の付いた5点の片口容器（注ぎ具）は、ヤマザクラ材を用いてクロメ漆を全面に塗り、次にベンガラ漆、朱漆塗りで仕上げ、取手に8の字状の彫刻が施されたものもある。鉢形には、多重の三角形を上下交互に配して横に展開した「連続三角文様」をもつものがあり、大きいものはケンポナシ、小型なものはヤマザクラ属で作られている（口絵57〜59）。なお、漆塗りのヒョウタン容器も発見されている。埼玉県さいたま市寿能遺跡でもヤマザクラ材が卓越し、ほぼ同期の埼玉県北本市のデーノタメ遺跡の低湿地では、ヤマザクラの種実が目立つ。ヤマザクラの利用は、この地域の植生を反映しているのであろう。

　また、結歯式竪櫛が5点出土している。これらは、台形と横に細長い台形の棟部をもつ。漆塗りの刷毛目痕が見られるものがある。さらに朱漆を塗った繊維製品や土製の耳飾り、漆入の容器3点などが発見されている（黒川村教育委員会 2002・2005）。

　寿能遺跡では、後期中葉（加曽利B式期）を主体とした漆塗りの鉢・浅

鉢・椀、低い台付大皿などの容器類が40点余り発見された。おおよその形の分かる18点の鉢には、多数の小玉が象嵌されていた痕跡のあるもの、漆塗りの文様のあるもの、数条単位の短い線刻で表した菱形を網目状に横に展開した文様帯を口縁部などにもつもの、関東以西の各期にしばしば見られる口縁部に赤漆塗り帯をもつもの、などがある。また、杓子と中華料理の蓮華のような匙が5点、台形などの棟部をもつ結歯式櫛が7点、飾り弓1点が発見されている。分谷地A遺跡、寿能遺跡、下宅部遺跡などに見られるように、漆塗りの取手付や片口の鉢形容器、大型取手付杓子や蓮華形の匙（図16・17）は、関東から中部日本海側を中心として後期に見られる特徴である。また、合計約150点の赤漆彩文土器と9点の黒色の漆塗り土器が発見されているが、本遺跡から出土した縄文土器総数は3万点以上あり、これら漆塗り土器は土器全体の0.5％に満たない（埼玉県立博物館　1984）。

　また、本遺跡だけでなく、後期中葉の加曽利B式土器期には、次に述べる下宅部遺跡や埼玉県北本市のデーノタメ遺跡上層、千葉県銚子市粟島台遺跡、また並行期の山形県小山崎遺跡や北海道央の小樽市忍路土場遺跡などでも漆彩文土器が多数発見されている。

　なお、漆塗り土器など特別なハレの意味をもっていた漆製品は、バラバラの破片で発見されることも多い。北海道社台1遺跡の晩期の墓からは、壊されて副葬された土器と同様に籃胎漆器もいくつかに壊されて出土した。東京都東村山市下宅部遺跡でも飾り弓が壊されて出土していることから、故意に壊して送る祭祀があったと想定している（千葉　2001）。後期中・後葉の東京都下宅部遺跡でも容器類を中心として、杓子・匙、赤漆塗りの淡水大型二枚貝殻、樹皮製の赤黒漆塗りの筒形容器も出ている。櫛は1点、棒状でアーチ形の棟部をもつものが1点発見され、やはり後期の新潟県根立遺跡に同型のものが知られる。

　また、11点の飾り弓も漆器組成の主要な一員となっている。一方、漆塗りの耳飾り、籃胎漆器の出土は確認できない。全国的に籃胎漆器は、晩期になって

第1章　縄文の漆文化の変遷と地域性　33

図16　漆塗り匙
東京都下宅部遺跡

図17　漆塗り杓子柄
東京都下宅部遺跡

出現して一般化するようである。また、下宅部遺跡では、第3章7で紹介するが約30点の漆液容器が発見され、漆作業の実態復元にとって好資料を提供した。また漆塗り彩文土器が多数出土したことは先述したとおりである。

後期後葉から晩期前葉の埼玉県桶川市の後谷遺跡になると、器種や特徴は不明だが合計12点の籃胎漆器と残片多数、飾り弓2点、型式的に後期末から始まる透かしのある棟部や晩期前葉に見られる小波状突起をもつ棟部の結歯式櫛、ヘアピン2点などが出土している。また、漆塗り土器が50点以上発見され、赤漆塗りが2／3、黒漆塗りが1／3ほどである。漆液容器には、生漆が入ったものと赤漆が付着した後期後葉の深鉢形土器の底部、黒漆塗りのパレットに使ったと思われる黒漆が内部凹面から打ち欠いた縁に及んで付着した深鉢形土器の底部片も出土した。また、二枚貝の貝殻と漆で破損した注口部をふさいだ注口土器片も発見されている（桶川市教育委員会 2005）。

ほぼ同期の栃木県小山市の寺野東遺跡では、木胎容器6点と籃胎漆器12片が出土している。しかし、形態が判明するものは、鉢形籃胎漆器の口縁部破片くらいである。弓は3点出土し、いずれもイヌガヤ製で黒地に赤漆を塗っている。また、結歯式櫛が4点出土しており、横長台形の棟部のものと、B状とスパナ形の突起をもつ計2点の高い山形の棟部をもつものがある。寺野東遺跡とは太平洋側と日本海側に離れてはいるが、並行する時期をもつ新潟県野地遺跡の晩期前半でも少数に、木胎漆器・籃胎漆器が少数に、B状突起をもつ山形と台形に近い棟部をもつ結歯式の櫛が4点、繊維胎の腕輪、赤漆を塗った淡水産二枚貝の殻が発見されている（新潟県教育委員会・（財）新潟県埋蔵文化財調査事業団 2009）。また、両遺跡とも赤漆塗り土器が一定量見られ、壺形が多いが、浅鉢形なども見られる。

以上のように関東地方から新潟県を含む東北南部には、漆塗りの木胎容器が多い。中でも鉢形が最も多く、片口や大型の取手をもつ特色がある。上記の遺跡以外でも千葉県の匝瑳市（旧八日市場市）多古田遺跡や千葉市内野第一遺跡

では晩期の取手付の黒漆塗り杓子（八日市場市 1982）、東京都の武蔵野公園低湿地遺跡や弁天池遺跡、神奈川県川崎市の多摩区№61（宿河原縄文時代低地）遺跡、埼玉県の伊奈氏屋敷跡、川越市内荒川川床遺跡、南鴻沼遺跡などで木胎の鉢や椀、片口などがわずかに知られている。さらに晩期前半になると籃胎漆器が加わり、晩期前葉の埼玉県川口市石神貝塚遺跡では、浅い椀形や壺形のものがある（図18）。

　また、北陸・石川県でも晩期を主体とした志賀町鹿首モリガフチ遺跡、津幡町倉見遺跡、金沢市の米泉遺跡や中屋サワ遺跡でも籃胎漆器が発見されている。多くが断片であるが、中屋サワ遺跡ではほぼ完形の浅鉢形（洗面器形）が知られる（口絵55・56）。この地域には低湿地遺跡が多いこともあってか、晩期には富山県小矢部市の桜町遺跡、石川県の真脇遺跡、中屋サワ遺跡で結歯式櫛、金沢市チカモリ遺跡で飾り弓、そしてさらに金沢市米泉遺跡で木胎の腕輪と玉各1点、台形と横長台形などの棟部をもつ櫛10点以上などのほか、漆漉し布や漆液容器も出土している（石川県立埋蔵文化財センター 1989）。また、同じく金沢市の中屋サワ遺跡では、黒漆塗り弓、低い山形の棟部をもつ櫛、腕輪、取手付などの木胎容器、赤漆塗りの注口土器も知られる（金沢市・金沢市埋蔵文化財センター 2009）。中期中葉から後期中葉の福井県若狭町の北寺遺跡でも赤漆塗り木胎浅鉢や杓子柄も発見され（三方町立郷土資料館 1990）、基本的な漆器の種類や特徴は関東地方に良く似ている（三方町立郷土資料館 1990）。さらに滋賀県大津市滋賀里遺跡での晩期の飾り弓、籃胎漆器、椀や注口の容器、腕輪、櫛という基本的な組み合わせにつながっている（滋賀県教育委員会・（財）滋賀県文化財保護協会 1973）。

　これ以後の関東・北陸より北の漆文化の動向、つまり晩期末の様相を具体的に伝える遺跡は、新潟県新発田市（旧加治川村）の青田遺跡（新潟県教育委員会・（財）新潟県埋蔵文化財調査事業団 2004）と福島県三島町の荒屋敷遺跡（三島町教育委員会 1990）くらいである。青田遺跡と荒屋敷遺跡は、いずれも

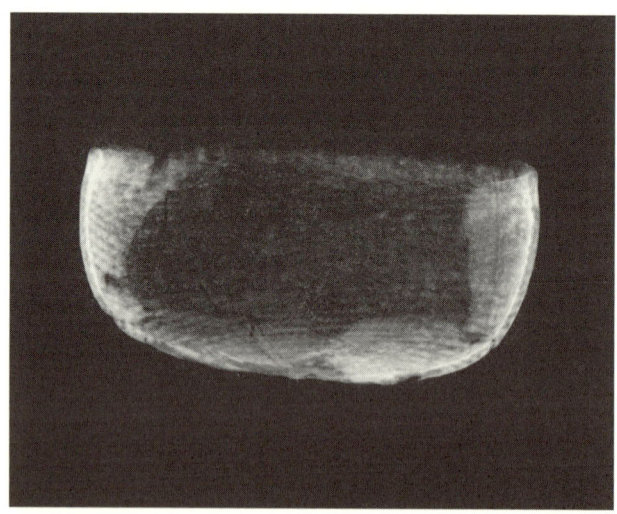

図18 籃胎漆器椀（上）とそのX線透過像（下）　埼玉県石神貝塚遺跡

晩期末の鳥屋2式土器文化圏にあり、漆製品の特徴も類似している（図5）。まず両遺跡とも、上端が内湾して両端が角のように立つ台形あるいは逆アーチ形の棟部に砂を混ぜた褐色の漆を塗る特徴をもつ櫛が3点ずつ、飾り弓、ヘアピン状製品と多数の「赤糸玉」と赤漆塗りの土器が発見されている。また荒屋敷遺跡では浅鉢形とコップ形などの木胎容器が出ており、青田遺跡では繊維胎の腕輪と赤漆塗りの二枚貝殻がある。

　両遺跡共に「赤糸玉」は特徴的に見られるが、籃胎漆器は影を潜め、漆塗りの容器類なども全体的に量が少なくなって、漆工芸は低調になったように見える。青田遺跡では鳥屋2a式からb式へと時期が新しくなると、土器や石器などは多いにも係わらず、漆器が少なくなると指摘している（荒川 2006）。全国的に晩期後葉以降は漆文化が低調になり、数量・器種ともに少なくなっている。この地域の両遺跡は、縄文漆工芸の東日本での終末期の状況を留めているのであろう。関東・東北ではこの後の弥生時代初頭に、青森県の田舎館村垂柳遺跡で漆塗り楯、旧木造町宇鉄Ⅱ遺跡で漆塗りの高杯土器、新潟県旧朝日村二又遺跡で漆器片が出ている程度である。なお、本州の弥生時代に並行する北海道の続縄文時代でも、赤漆塗りの弓、櫛、鞘などが墓に副葬されており、低調ながら漆文化が継承されていることがわかる。

　一方、西日本の縄文漆文化の行方はどうだったのであろうか。まず関東・北陸の後・晩期の漆文化から、目を西に転ずると、静岡県静岡市（旧清水市）下野遺跡で後期の櫛、愛知県豊田市の神郷下遺跡で晩期の籃胎漆器、大阪市森の宮貝塚の晩期後半の櫛（図19、（財）大阪市文化財協会 1996）、奈良県橿原市の橿原遺跡や曲川遺跡などで晩期の赤漆塗りの土製・木製の腕輪や耳飾り、岡山市の津島岡大遺跡で晩期の赤漆塗り土製耳飾りと櫛（岡山大学埋蔵文化財調査研究センター 1989）、鳥取県米子市（旧淀江町）の井出挾遺跡で晩期の木胎の耳飾り（図20）、櫛、片口の椀、（（財）鳥取県教育文化財団 1993）、松山市では晩期前葉の船ヶ谷遺跡で赤漆塗りの腕輪、大皿、杓子の取手など（金子

1981）と大渕遺跡で晩期後半（突帯文期）の櫛2点（松山市教育委員会・(財)松山市生涯学習振興財団埋蔵文化財センター 2000）が発見されている。後晩期の西日本一帯に櫛・腕輪・耳飾りが点在し、このうち櫛と腕輪は、型式は変化するが弥生時代前期へと引き継がれていく。

　なお、高知県土佐市の居徳遺跡では、「漆絵」が描かれた木胎の大型蓋、東北日本からの搬入品と考えられる漆彩文土器や漆塗り土器が発見されている（(財)高知県埋蔵文化財センター 2003）。前者は直径44cmの隅が丸い方形で、角には対になる小突起をもち、頂部に丸いツマミがつく。全体は薄く仕上げられ、黒漆が塗られ、隆帯で区画された外面には各区画に赤漆で繊細で精緻な花弁状の文様が描かれている（図21）。国内に類例も無く、縄文時代の木胎漆器の系譜からは外れたもので、中国から輸入されたとする説（永嶋 2006c）や、類似したものを周辺で求めれば中国大陸の春秋・戦国時代、なかでも楚墓から

図19　結歯式櫛（後期後半）　大阪府森の宮貝塚

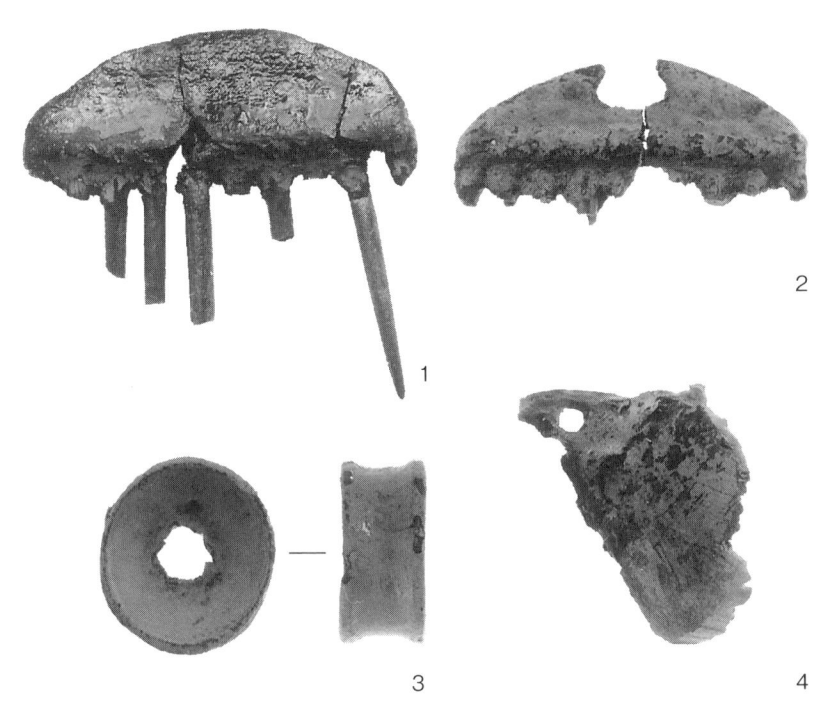

第1章 縄文の漆文化の変遷と地域性　39

図20　晩期の漆製品　1・2. 櫛　3. 漆塗耳栓　4. 片口椀　鳥取県井手挟遺跡

大量出土の漆器に似ているという説（四柳 2006a）、北陸晩期土器の影響下にあるとする説、突起やツマミが付く形態から赤漆塗土器などと共に、東北北部の亀ケ岡文化圏から搬入されたと考える説もある。

　さらに最西端の漆器としては、福岡市四箇遺跡で後期後半の赤漆塗りの木製太刀といわれる製品が発見されている（福岡市教育委員会 1987）。この時期の九州は、集落の数や規模が大きくなり、東からの影響といわれる土偶、管玉・ヒスイ、石棒などが急増する時期で、漆製品が搬入される背景があったといえよう。また四箇遺跡では突帯文期の漆塗り匙、漆塗り土器も出土し、弥生時代

前期の赤漆塗り木胎腕輪も発見されている。これら西日本の遺跡で出土した漆液容器や用具には、米泉遺跡で2点の漆漉し布が、北陸・琵琶湖東岸地方までは漆液容器が発見され、遅くとも前期から断続的に漆文化の存在が認められるので、在地でのウルシの栽培と漆工芸の存在は確実である。ただし、それ以西の中四国、九州の漆製品製作の実態については、今のところ詳細はわかっていない。

　弥生時代になると北部九州、瀬戸内、畿内、東海では、縄文時代からの伝統的な赤漆を重ねて塗った櫛、腕輪、木製容器（唐津市菜畑遺跡や福岡県背尾遺跡など）に加えて、新たな要素として黒漆が塗られた弓、短甲、楯、鞆、鞘などの武器、黒漆地に赤漆で彩文した高杯、椀、盆などと杓子が、目だって出土するようになる。また山陰では縄文時代の伝統と考えられる朱漆塗り結歯式竪櫛があり、中期になると黒漆を無頸や広口の壺や蓋、あるいは高坏などに塗った（内田 1990）。黒漆塗りの武器、黒地に赤漆彩文の高杯、黒漆塗り土器は、紀元前後の朝鮮半島（無文土器時代以降）に始まる特色であり、彼の地の影響の下で西日本に成立した漆文化であろう。なお、島根県の松江市布田遺跡と松江市（旧鹿島町）草田遺跡、岡山県倉敷市上東遺跡、大阪府高槻市安満遺跡などで漆貯蔵やクロメ用などの漆液容器が発見されており、弥生時代の西日本では広くウルシの栽培から精製、漆製品の製作まで行われていたと考えられる。東日本の漆文化の行方は、西日本に比較して遺跡が圧倒的に減少し、低湿地遺跡の調査例が少ないことなどもあって今のところ明らかではない。ただし、きわめて低調になったと思われ、縄文漆の伝統が途絶えてしまったかどうかの検証は、今後の大きな課題である。

第1章　縄文の漆文化の変遷と地域性　41

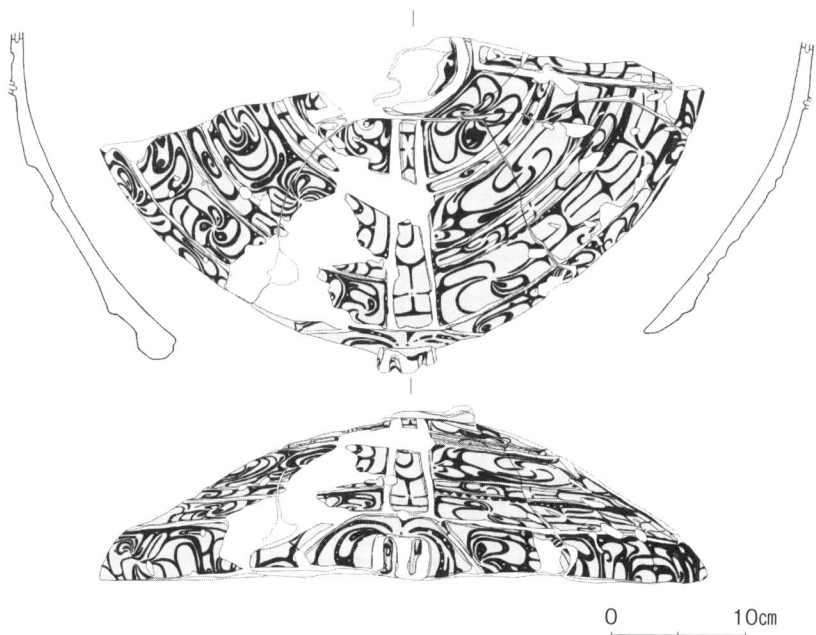

図21　漆絵木胎漆器蓋（上：写真　下：実測図）　高知県居徳遺跡

5．中期・後期前葉頃の漆文化

　東日本の縄文時代中期は、特に後半期では台地上に大規模集落が発達する。安定した生業や定住がうかがわれるが、漆製品はあまり発見されておらず、漆工芸は低調だったようだ。ただし、集落が比較的高い台地上に営まれることが多く、川辺や低湿地に営まれる水場の諸施設や捨て場がほとんど発見されていないので、漆製品が残っていないための、見かけ上の現象と考える必要があるのかもしれない。

　北海道では、川辺の魚捕獲施設を中心とした石狩市の中期後葉・紅葉山49号遺跡でクワ属木材製のベンガラ赤漆塗り鉢とほか2点の容器片など（石狩市教育委員会 2005）、青森県三内丸山遺跡で中期の赤漆塗り樹皮巻き腕輪や木胎容器（岡村 2009）、富山県小矢部市の中期末から後期初頭の桜町遺跡で谷に設けられた水場や捨て場から赤漆塗りの土製耳飾り2点と取手と片口をもつ浅鉢各1点（図22）、（桜町遺跡発掘調査団編 2001）、千葉県銚子市の粟島台遺跡で中期後葉の黒漆塗りのヤシの実容器（図23）や黒漆地に赤漆塗りの小型木胎椀（銚子市教育委員会 2000）、滋賀県粟津湖底遺跡第3貝塚で中期前葉の赤漆塗りの櫛4点（口絵10）、木胎腕輪と弓各1点、繊維を緩く撚った漆塗りの細紐などが（（財）滋賀県文化財保護協会 1997）発見されている程度である。

　ただし、浅鉢形、小型壺形土器、瓢形注口土器などの漆塗り土器が、関東の中期に東京都貫井遺跡や北江古田遺跡（中野区・北江古田遺跡調査会 1987）、群馬県の太田市（旧新田町）下田遺跡や高崎市の高崎情報団地Ⅱ遺跡（口絵66～68）（角田・神戸 2000）、埼玉県の深谷市深谷町遺跡（深谷市教育委員会 1985）や北本市デーノタメ遺跡、千葉県粟島台遺跡（図24）、神奈川県の大熊仲町遺跡（（財）横浜市ふるさと歴史財団 2000）、栃木県那須烏山市（旧南那

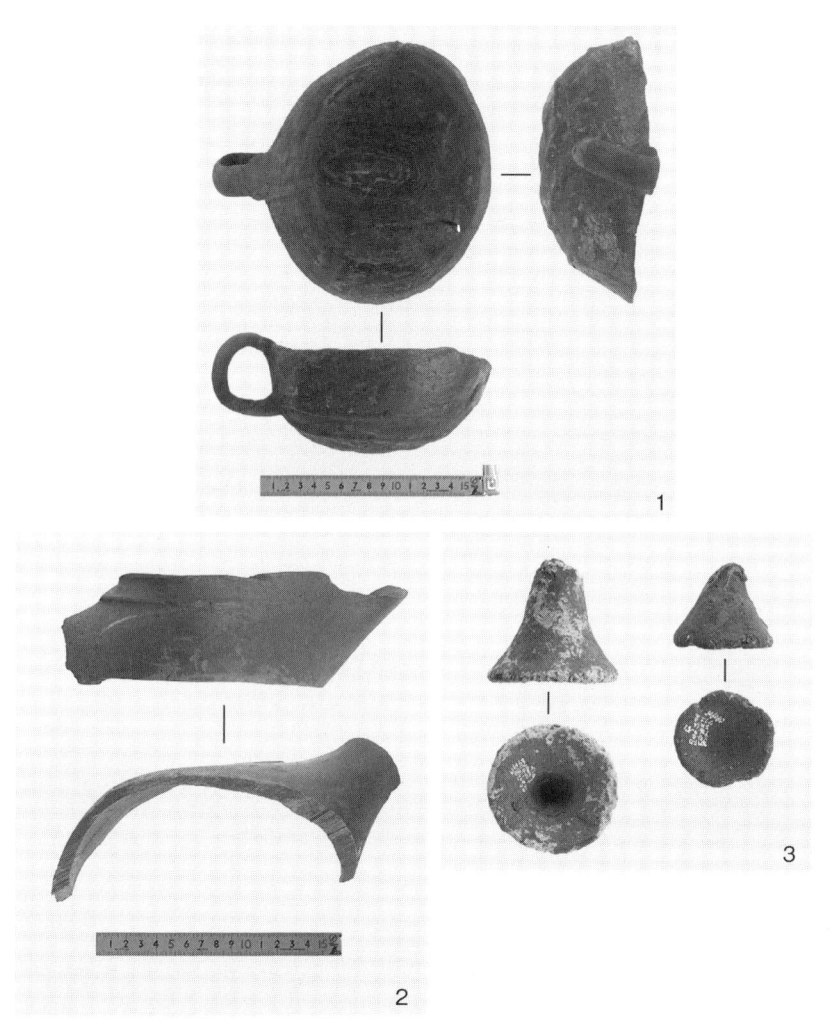

第1章 縄文の漆文化の変遷と地域性 43

図22 1．取手付碗 2．片口浅鉢 3．赤漆塗り土製耳飾り 富山県桜町遺跡

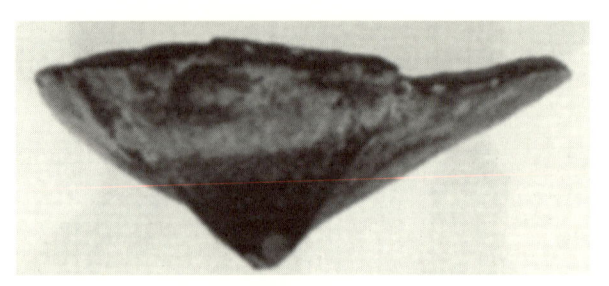

図23 黒漆塗りヤシの実容器　千葉県粟島台遺跡

須町）曲畑遺跡などで発見され、数十から百点以上の土器片が発見される場合もある。下田遺跡での分析によれば、口縁の内外帯あるいは外面に波状に赤漆を塗り、内面に渦巻き、幾何形、連珠などの文様を描いている（図25、新田町教育委員会 1994）。このような特徴は、粟島台遺跡などでも一般化でき、普通の土器とは形態と文様を異にしている。このように、特異な様相をもち、この時期だけ突然に地域的に偏って発見されるため、同時代の中国の彩文土器との関係を示唆する意見もある。なお、遠く三内丸山遺跡でも赤と黒漆を文様上に塗り分けた土器が相当数発見され、加曽利E式系統の関東からの搬入品と思われる。

　このように漆塗土器はともかく、中期の漆製品は少ない。ただし、台地上の遺跡からは漆液容器が発見される。青森県の階上町野場（5）遺跡では中期末の漆入り無文小壷（青森県教育委員会 1993）、三内丸山遺跡では漆入り小型鉢形土器（図26、永嶋 2000a）、福島県磐梯町の法正尻遺跡ではベンガラ漆入りの土器（福島県教育委員会 1991）、群馬県みなかみ町（旧新治村）布施上原遺跡で漆液容器（山武考古学研究所 1998）、千葉県銚子市粟島台遺跡で漆貯蔵用と思われる漆入りの有孔（口縁下に巡る小孔に漆紐）小壷、香取市末葉・多田遺跡で漆付着の底部片や小型壷など3点の漆液容器（(財)千葉県埋蔵文化財センター 1992）、佐倉市吉見稲荷山遺跡の台付土器の台部を蓋にした状態で発

第1章　縄文の漆文化の変遷と地域性　45

図24　漆塗り土器片（左：内面　右：外面）　千葉県粟島台遺跡

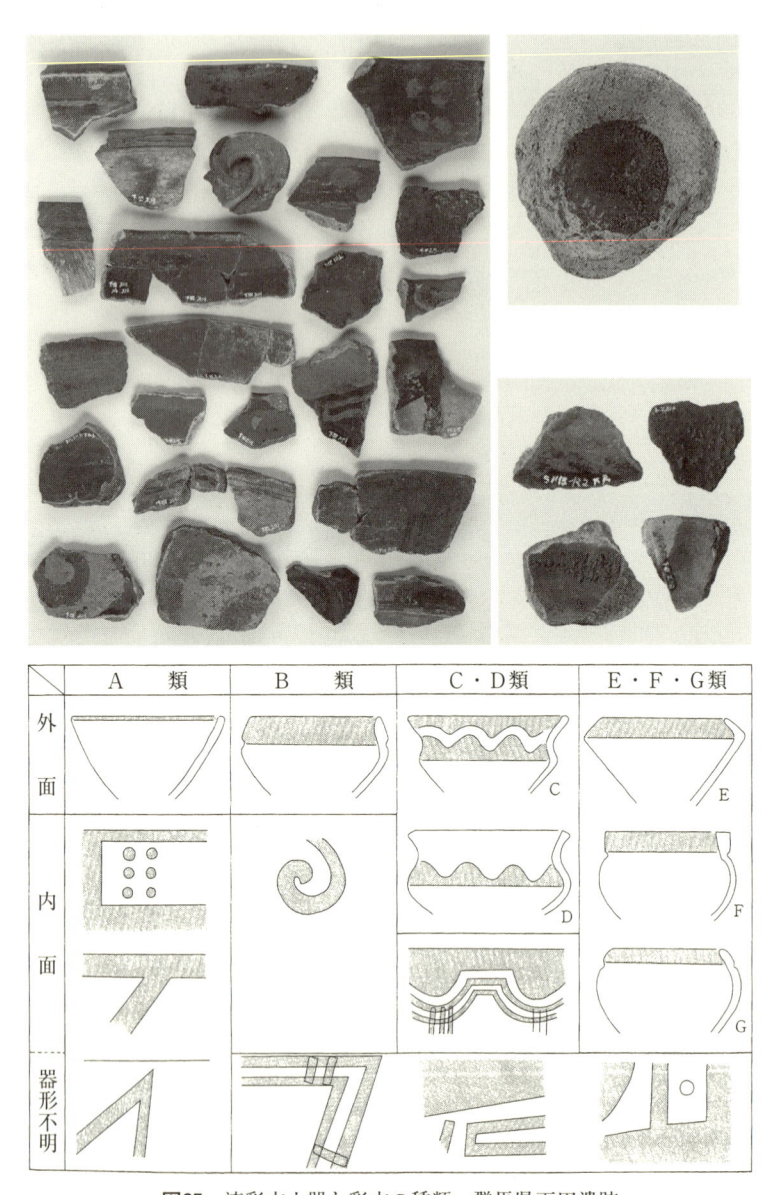

図25　漆彩文土器と彩文の種類　群馬県下田遺跡

第 1 章　縄文の漆文化の変遷と地域性　47

図26　漆液容器（漆付着の小型鉢）　青森県三内丸山遺跡

見されたベンガラ混じりの漆が入った小型深鉢形土器（（財）印旛郡市文化財センター 2006）や、神奈川県相模原市（旧津久井町）大地開戸遺跡のベンガラ漆が入った小型深鉢底部（（財）かながわ考古学財団 1995）などがある。これらの漆は何に用いられたのであろうか、塗られた対象物がわからない。

6．定住の確立と共に定着した初期漆文化

東北北部・北海道の初期漆文化
　北海道では南部の函館市（旧南茅部町）ハマナス野遺跡と木古内町新道4遺跡から、それぞれ前期の盆状漆器が発見されているが、この時期の状況を良く

表す遺跡は知られていない。東北北部では円筒文化圏の前期半からの青森市の三内丸山遺跡、同市・同期の岩渡小谷（4）遺跡（青森県埋蔵文化財センター 2004）、同県野辺地町前期末葉（較正暦年約5700年前）の向田（18）遺跡（青森県野辺地町教育委員会 2004）で、それぞれ10点近くの漆製品が発見されている。また同文化圏の秋田県大館市池内遺跡で前期中葉の1点の赤漆塗り大杯（皿）が発見されている。長径50～60cmの楕円形で台形の大きな取手が付く、ハリギリ製の低い台付である（秋田県教育委員会 1999）。

　向田（18）遺跡からは6点の漆塗り木胎容器が発見された。対面する大きな台形の取手が二つ付く、飼い葉桶のような形の特徴的な大型漆器である。平面が楕円形で長径が46cm、急に立った側壁が高さ20cmを越える。両端の大きな取手の上縁には、スガイ（小型の巻貝で蓋をもつ）の蓋が本来8個、表面を下にして連続して並べられ、漆で塗り込められていたと推定できる。蓋はすべて離脱しているが、そこにはスガイの蓋の表面にある螺旋文様が印刻されて残っていた。一種の象嵌であり、スガイの蓋の真珠光沢をもつ裏面の輝きを装飾に用いたと思われる。もう1点長径が39cmに復元できる楕円形の浅鉢かと思われる大型楕円形漆器にも、取手の上縁にスガイ蓋の象嵌痕跡が並んでいる（口絵46～48）。なお、象嵌は見られないが、同様な取手がもう1点出土しており、三内丸山遺跡にも同じ形の赤漆塗りの取手が2点発見されている。これらは、前期の円筒土器文化に特徴的な祭りの容器だったのであろう。向田（18）遺跡からは、全面黒色漆塗り楕円形（長径12cm、トチノキ製）の浅い椀も発見されている。

　岩渡小谷（4）遺跡では、谷に形成された低湿地包含層から鉢や台付き鉢、低い台付の大杯（皿・浅鉢）が、合計9点発見された。赤または黒漆を塗ったものがほぼ同数ずつあり、ケンポナシ属の材を使うことが多い。三内丸山遺跡でも、黒色漆下地に赤漆が塗られた、少なくても口径35cm以上の大きさに復元できる低い台付の大杯が、発見されている。また先に紹介した取手のほかに、

推定高18cmの黒漆塗り鉢、赤漆塗り刻歯式竪櫛が発見されている。櫛は、歯の痕跡は4本で、棟部は高い山形になっている（青森県教育委員会 1996）。なお、この前期の円筒土器文化圏には、漆塗りで文様を表現する土器は存在しなかったようだ。

東北南部の初期漆文化、押出遺跡など

　前期の半ば過ぎ、大木4式土器期を主体とする低湿地に形成された押出遺跡から、当時の漆文化の実態を良く示す資料が発見されている。長径45cmほどの楕円形杯部に低い台の付く大杯とその断片と思われる漆器が、合計17点ある。素材の樹種が同定されたものは、クリ・ケヤキ1点ずつを除けば、6点がケンポナシ属製である。内面赤、外面黒漆あるいは全面黒漆と思われる塗りである（図27）。そのほか、器形が判明しない木胎漆器が21点あり、この内9点は赤漆塗りである。赤漆が塗られた小型の波状口縁をもつ木製鉢、ジョッキのような取手をもつ木胎漆器が、含まれる。なお、漆は塗られていないがスプーン状木製品が2点発見され、弓状木製品4点が報告されている。しかし後者は弓と判定しかねるもので、漆も塗られていないことを付記しておく（山形県教育委員会 1990）。

　ほかに7本の歯が横架材に繊維で結縛され、漆で固めた棟部をもつ結歯式の竪櫛が発見されている。三内丸山遺跡からは前期後半の刻歯式の赤漆塗り櫛が発見されているが、同期の七戸町（旧天間林村））二ツ森貝塚や八戸市是川一王寺貝塚などで刻歯式の骨角製の櫛があり、刻歯式櫛は前期の全国的な特徴であったと考えられる。鳥浜貝塚の前期の櫛も赤漆塗りの刻歯式である。

　また、押出遺跡では、幅2cm前後の竹ヒゴのようなものを編み、漆を厚く塗った4cmほどの小さな断片が、籃胎漆器として報告されている（武田 1996）が、晩期以前では唯一の籃胎漆器の報告例である。

　押出遺跡の漆塗り製品でもう一つの大きな特徴は、「漆彩文土器（彩漆土

50

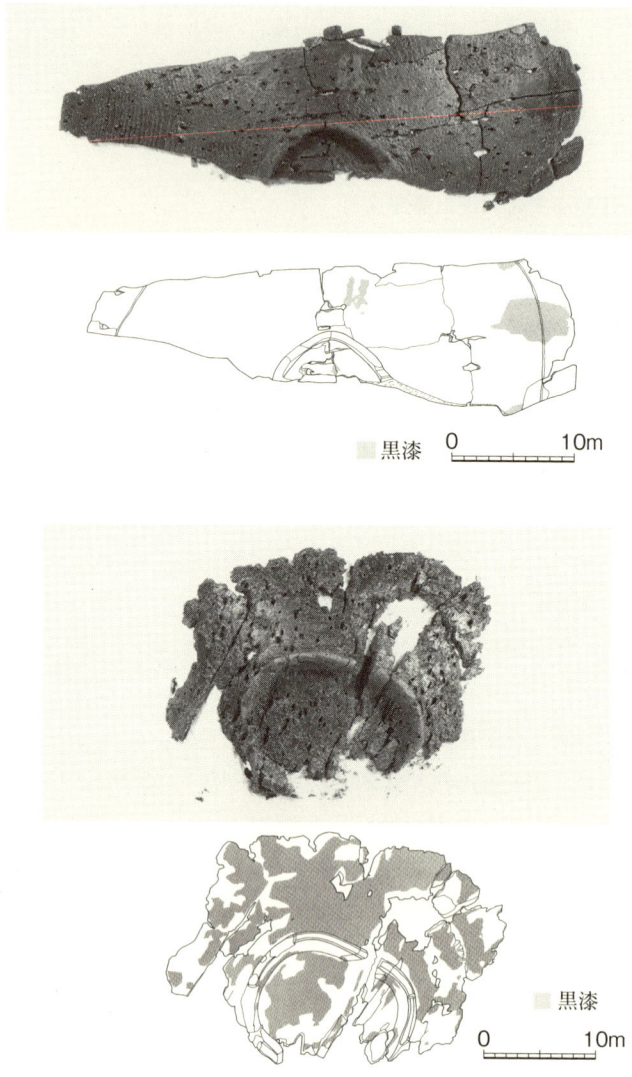

黒漆　0　　　10m

黒漆
0　　　10m

図27　木胎漆器（盤）写真と実測図　山形県押出遺跡

器）」の多量な出土である（口絵60〜65）。胴部がつぶれた球形の浅鉢形が多く、口縁部に貫通孔が並び、漆塗りされない高台が付き、大きさは胴径が14.7cmから50cm前後に達するものまである。完形に復元されたもの6個体と、数百点に上る破片がある。外面全体に赤漆を塗ったものと、赤漆を下地としてその上に2〜5本ほどを単位とした細い黒漆の線で渦巻きと三角文を組み合わせて、胴部中央で区画された上下の段全面に筆状工具で描いているものとがほぼ半数ずつある。

　漆細線の文様・モチーフは、諸磯式土器の系統にあり、その文化圏の中でも中部高地周辺の新潟県上越市（旧中郷村）小重遺跡と南魚沼市（旧塩沢町）大原遺跡（塩沢町教育委員会 1994）、山梨県北杜市（旧大泉村）甲ッ原遺跡・天神遺跡、北杜市（旧長坂町）酒呑場遺跡、長野県の原村阿久遺跡・塩尻市舅屋敷遺跡・富士見町日向遺跡からも同様な「漆彩文土器」が少数ずつながら出土している（野代 1996）。関東では、漆彩文が確認されたのは埼玉県川島町芝沼堤外遺跡の土器片だけであるが（川島町教育委員会 2004）、前述のような口縁部に貫通孔を巡らせた無文の浅鉢形土器は多く発見されている、東北南部在地の大木式土器圏に、北関東・甲信越の諸磯文化圏から多量に搬入された土器であろう（小林圭 2007）。一方西では、福井県鳥浜貝塚からも類似する「彩漆土器」が数点発見され、同様な文様の木胎漆器も知られている。遠く鳥浜貝塚にも運ばれた、特殊な土器だったのだろう。

　また押出遺跡からは、完形だけでも23個体の土器および木器の漆液容器が発見され、この遺跡で漆工が行われていたことだけではなく、初期の漆の取り扱い状況を良く示している。その内容は、第3章5の「漆の精製と貯蔵」で述べる。

関東の初期漆文化

　神奈川県小田原市羽根尾貝塚では、縄文時代前期前葉の一部貝塚とも重複す

る低湿地遺物包含層（捨て場）が形成されており、そこから関山Ⅱ式から黒浜式期の漆製品がまとまって出土した（図28、戸田・坪田ほか 2003）。土器や木製容器に漆が塗られ始めた初期段階の遺跡である。山形県押出遺跡や東北北部の三内丸山・岩渡小谷（4）・向田（18）遺跡などより一段階古く、福井県鳥浜貝塚の前期の漆器群とほぼ同期である。

　木胎の容器形漆器は、合計67点出土したが、圧倒的に中型から大型の浅鉢形が主体である。長径54cmもある楕円形の黒漆塗り大杯などであり、大型で四単位の大きな波状口縁と高台状に作り出された底部をもつものがある。内外面に黒漆（炭粉下地の上に透明漆が塗られたことが確認されている例もある）を塗り、口縁部の下数センチ幅の内外（表裏）に赤漆を塗るものが多く、この遺跡の特徴になっている。樹種同定できた20個体中、17個体はケンポナシ属の材を用いていた。東北から北陸まで前期半ばを中心に用いられた大型の台付で楕円形基調の皿（大杯）も、ケンポナシ属の材で製作されていた。ケンポナシ属が、加工の容易な樹種として選択されていたのであろう。

　ほかにニシキギ属の木材製の黒漆塗り樺巻き弓、赤漆塗り結歯式櫛と2点の漆塗り土器が見つかっている。櫛は、細い丸棒を櫛歯として11本並列させ、棟部両脇に角状装飾のために3本ずつ短い丸棒を副え、撚り糸によってそれらを緊縛している。そして、黒色漆・膠着材によって固定・成形しているが、漆塗膜が薄いために骨組みとなった編み組みの凹凸が良く残っている。福井県三引遺跡の櫛に次いで、今のところ日本で2番目に古い櫛である。

　漆塗り土器は、4単位の波状口縁をもつ小型無文の鉢形で、胴部半ばを巡る低い隆帯を挟んで上には赤漆、下に黒漆を塗っている。この前期初頭から前期の半ばにかけての土器は、千葉県加茂遺跡や長野県下弥堂遺跡などのように、べた塗りの漆塗り土器が遺跡によってわずかに用いられる程度であった（戸田 2006）。次いで、前期半ばの諸磯b式期になると、前述のように「漆彩文土器」が、関東・中部高地の諸磯文化圏や北は大木土器文化圏の押出遺跡、西は

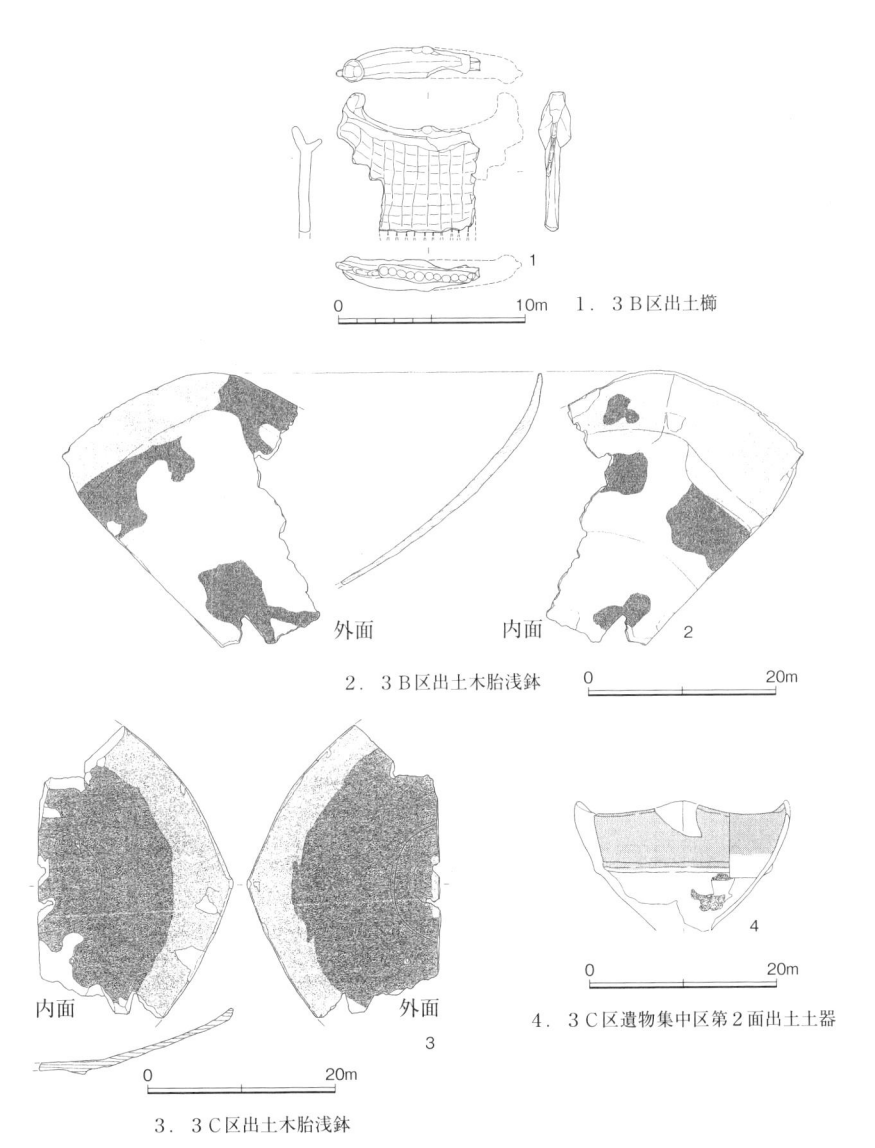

第1章　縄文の漆文化の変遷と地域性　53

1．3B区出土櫛

外面　内面　2

2．3B区出土木胎浅鉢

内面　外面
3

3．3C区出土木胎浅鉢

4．3C区遺物集中区第2面出土土器

図28　漆塗りの櫛・木胎浅鉢・土器　神奈川県羽根尾貝塚（前期中葉）

北陸の羽島下層・北白川土器文化圏の鳥浜貝塚に流布した。

北陸から琵琶湖東岸の初期漆文化

　この地域の縄文時代前期初頭には、石川県七尾市（旧田鶴浜町）三引遺跡で[14]C暦年で約7000年前の地層から、赤漆塗りの日本最古の結歯式櫛が発見されている（石川県教育委員会 2004）。棟部は上辺が緩い円弧を描き、両端近くに角状突起をもつ残存幅11.7cm（復元幅約13cm）の半月形で、断面楕円形の太さ4mm前後のムラサキシキブ属の材を用いた歯を16本もっていたと推定されている。2本の横架材に歯を結わえ付け、隙間を植物繊維が縫って固定している。下地は無く、まず漆を塗ってその上に4層の黒色を帯びた茶褐色のベンガラ漆を重ね塗りして仕上げている（図29、四柳 2006a）。また、富山県射水市（旧小杉町）の南太閤山Ⅰ遺跡で同じく前期初頭の赤漆塗りのヒョウタン容器（図30）（富山県教育委員会 1979）、鳥取県松江市の夫手遺跡で漆液容器が発見されている（図31、松江市教育委員会・（財）松江市教育文化振興事業団 2000）。

　福井県鳥浜貝塚では、前期前葉から前期後半（北白川下層Ⅱc式）までの一部貝層も重複する有機物を多量に含む堆積層から、多数の漆製品が発見された。まず、ヤブツバキ製の刻歯式の赤漆塗り櫛が、当時、日本最古の櫛として注目された（図32）。また、多くのトチノキと次いでケンポナシ属などの材で作った長径50cmを越えるものもある低い台の付く大型の楕円形杯（大杯）が40点発見された。鉢・椀も4点ずつ発見されている。低い台の付く大型（長径約67cm）の楕円形杯は、前期後葉の石川県真脇遺跡でも知られる（能登町教育委員会・真脇遺跡発掘調査団 1986）。楕円形の大型皿（坏）は、前期を代表する漆器で、東北地方から近畿・北陸まで広域に分布していた。弓は、ニシキギ属の木製で、桜の皮を巻いて赤漆を塗ったものと、弓全面に赤漆を塗ったものがある（福井県教育委員会・福井県立若狭歴史民俗資料館 1987）。漆彩文土器も111点が発見され、ほかの木製品も含めてさまざまな文様が描かれていた（図33、

第1章 縄文の漆文化の変遷と地域性 55

図29 日本最古の結歯式漆塗り櫛 石川県三引C遺跡

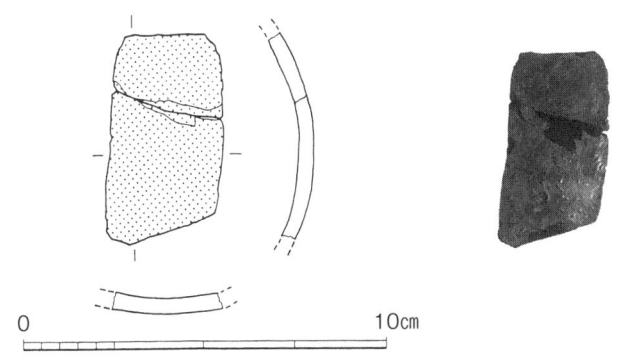

図30 赤漆塗りヒョウタン(縄文前期初頭) 富山県南太閤山Ⅰ遺跡

森川 2002)。また、細い1.5～2 mm内外の赤漆を塗った2本分の糸も発見されている（森川 2002)。なお、筆者は若狭歴史資料館のご好意により、土器底部などに漆液の溜まった漆液容器破片2～3点を実見・確認させていただくことができた。

また、琵琶湖東岸の滋賀県米原市（旧米原町）入江内湖遺跡では、前期中葉以前の楕円形大型皿が3点発見されている。内外面に黒漆を塗り、口縁部の内外に赤漆を2cm前後の幅で塗った、長径30cm以上の楕円形で、皿か浅い鉢形（大杯）である。同じく全面の黒漆塗り下地に、外面を赤漆、口縁の内側に赤漆を帯状に塗った鉢形木器が発見されている。いずれもトチノキ材を横木取りしたものである（滋賀県教育委員会 2007)。

なお、中期前葉の粟津湖底遺跡第3貝塚からは、高い山形棟部をもつ4点の赤漆塗り結歯式櫛、紐巻きで一部赤漆の痕跡の残る弓、赤漆塗り腕輪、繊維を3から4本緩く撚った太さ2.4mmの赤漆塗り紐が22点も発見されている（口絵

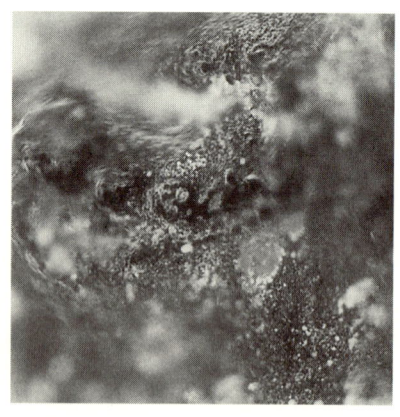

図31　漆液容器（前期初頭）と内面の漆拡大写真（右　130倍）　島根県夫手遺跡

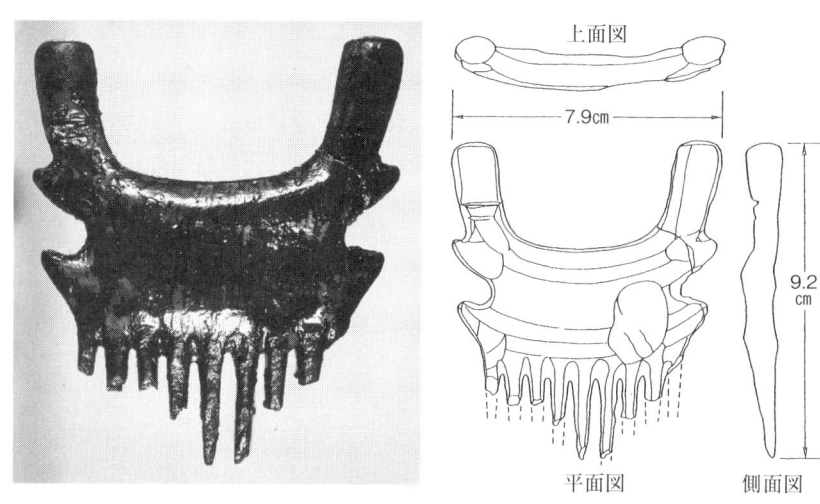

第1章 縄文の漆文化の変遷と地域性 57

図32 福井県鳥浜貝塚出土の赤漆塗り櫛（木胎櫛：前期初）とその実測図

図33 漆製品にみられる様々な漆文様（森川 2002）

51～54、滋賀県教育委員会 1997)。結歯式櫛は、中期では唯一の例であり、櫛が一般化するのは後期中葉になってからである。

東日本縄文文化の西端に当る北陸から琵琶湖東岸の地域に、漆塗りの大杯や皿・鉢、弓、櫛・腕輪などの装身具、繊維製品などの漆製品の基本セットが、すでに初期から成立していたことは特筆されよう。

7. 定住の成立と共に誕生した漆塗りの繊維・編組製品

日本列島最古、つまり世界最古でもある漆製品は、予想外にも北の北海道函館市の垣ノ島B遺跡で発見された。上端の四辺に柱穴をもつ隅丸方形の土坑墓(小屋掛けの墓だったか)の中から発見された、早期半ば、約9000年前(^{14}C暦年)のものである。遺体の頭部や腹部に当る箇所には粘性のある黒色土壌(遺体層)があり、頭部に当る部分から髪に巻いて束ねたターバンのような繊維製品、両肩相当部から肩当て布のようなもの、両腕の相当部から筒状の腕輪(袖口の飾り布の可能性もあるという)、脚の部分から膝当てのような繊維製品が発見された(口絵1、南茅部町埋蔵文化財調査団 2002)。これら編組製品の素材は、1.2mmほどの細い糸にさらに細い糸をコイル状に巻き、ベンガラを用いた赤漆を3層に塗った径2.5mm前後の糸であった(奈良文化財研究所・北海道教育委員会ほか 2004)。

次に古い漆製品も北海道にあり、知床半島の付け根にある標津町伊茶仁チシネ第一竪穴群遺跡で、前期初頭の竪穴住居の出入り口に作られたこれも土坑墓から、遺体に装着された状態で発見された。周囲の長さ67cm、幅4.5cmの首飾り2個と周囲22cm、幅2.5cmの腕輪と考えられる赤漆塗りの繊維製品が発見された(図34)。いずれも経1.5～2mmの糸を2本束ねてS撚りにして、その上に下地のクロメ漆を塗り、さらにベンガラ漆で仕上げている(標津町教育委員

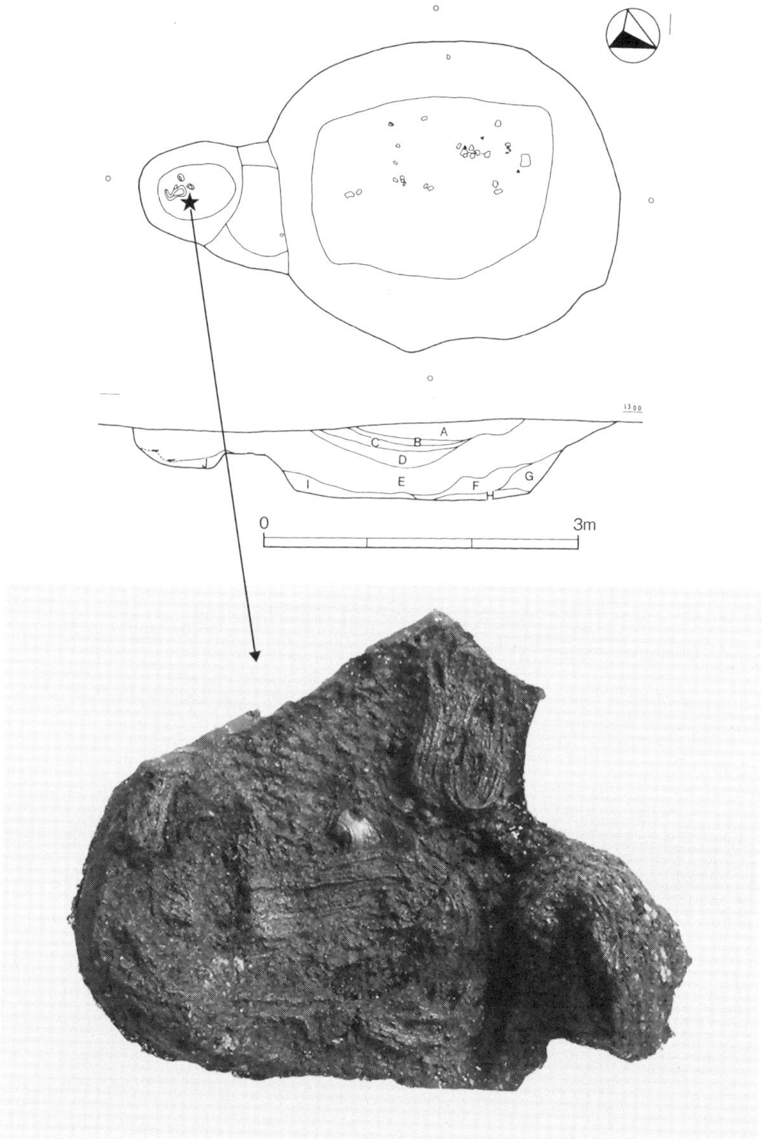

第1章 縄文の漆文化の変遷と地域性 59

図34 漆の繊維製品とその出土状況 北海道伊茶仁チシネ第一竪穴遺跡

会 1992)。帯広市大正8遺跡でも同じく前期初頭の土坑墓と竪穴住居から、繊維質を胎とするベンガラ赤漆塗りの製品が発見されている(小林幸・北沢 2008)。さらに前期前半の漆塗り繊維製品も北海道の恵庭市西島松3遺跡で、遺物包含層から発見されている。幅4cmほどに12～13条の赤漆糸を横に並べた腰紐かといわれる帯状の繊維製品である(図35、(財)北海道埋蔵文化財センター 2008)。

　繊維に漆を塗ると固化して弾力性を失って折れてしまいそうである。しかし、予想外にしばらくは可塑性をもったままで、編んだり縛ったりが可能である。現代でも2～3日の間隔を置いて二度塗りして漆糸を作り、完全に乾かない柔軟さが残っている段階で「漆織り」が行われている(『染色α』編集部 2007)。漆糸を作る場合、可塑性を保つために、エゴマなどの油で漆を稀釈する必要性を説くこともあるが、そのまま繊維に漆を塗りこんだだけで細工できることも実験的に確かめられている。図36の漆糸は、宮城県大崎市(旧鳴子町)の「潤漆工房」の小野寺公夫さんに製作していただいたクロメ漆にベンガラを混ぜて塗った漆糸である。また出土した漆塗りの編組製品の断面顕微鏡観察によっても、編組・結縛した後に漆が浸透していないし、科学分析でも油脂に由来する成分は検出されないという。なお、漆糸を用いた編布の場合、縦糸か横糸のいずれか一方の糸が確認されないが、可塑性を保つために一方の糸は漆を塗らなかったために腐ってしまったのだろう。そして、漆を塗った繊維を撚って糸とし、それを芯にして漆塗り繊維をモール・螺旋状や直交して、巻き付けている場合もある。

　これらの漆塗り繊維を、リング・鉢巻・帯・ワッペン・布状に編んだり結んだものが、額飾り・耳飾り・首飾り・腕飾り・帯・膝掛けなどの製品になる(小林克 2005)。千葉市内野第1遺跡の後期半ばの2基の墓穴からは、遺骨に接して簾状の赤色漆繊維製品の断片が発見されている((財)千葉市文化財調査協会 2001)。北海道斜里町朱円周堤墓で後期後半の墓穴から発見された衣類

の一部といわれる編布(河野 1955)からも推察できるように、縄文時代の死者は編布をまとい、それには垣ノ島B遺跡や内野第1遺跡のように赤漆繊維が編み込まれていた場合もあったと考えられる。

なお、繊維や紐を結んだ結び目が中心となって残ることが多く、その部分に注目して「糸玉」と認識して命名している場合がある。この謎の「糸玉」は、沖縄地方に伝わった藁算のような、結び目の数や配列によって記録や意志伝達の手段とした「結縄文」と考える興味深い意見もある（小林達 2001）。

このような技術と種類の漆繊維製品は、一つの技術体系と製品の大別種類を構成しているのであろう。今後、注意深く類例を掘り出し、総合的に観察、分析して類型化、分類を検討しなければならない。今のところ世界最古であり、約9000年前の漆製品である、函館市垣ノ島B遺跡のものを始め、前期になって木胎の容器や弓に漆が塗られるまで漆製品の代表であり、北海道を中心とし

図35 赤漆塗り帯状繊維製品（約7000年前）　北海道西島松3遺跡

て分布していた。

　このように約2000年間、北海道を中心として漆塗りの繊維・編組製品が用いられていた状況を、どのように考えたらいいのだろう。東北から本州では、ほとんど早期の墓が見つかっていないし、漆製品が残りやすい低湿地遺跡もほとんど知られていないため、北海道の墓に入っていたものが、保存状況も良く、丁寧に発掘されたために、発見された可能性もある。前期には新潟県長岡市（旧和島村）の大武遺跡で低湿地包含層から、塊になって赤漆塗りの糸束が発見されている。植物の繊維で作った太さ1.5mmほどの糸を、2本Z撚りにした紐を胎（芯）にして漆を塗りつけ、表面に赤ベンガラ漆を塗って糸を仕上げ、それを何かに巻きつけて装飾としたものである。AMSの^{14}C暦年では、約6600年（前期前葉）と測定されている。また断片化した素材紐の塊（幅20cm×長さ9cm）も出土している（図37、（財）新潟県埋蔵文化財事業団 2002）。さらに福井県鳥浜貝塚でも前期前葉の赤漆塗りの糸、そして中期前葉に下るが滋賀県粟津湖底遺跡でも経2.4mm、長さ3.8mm程度の赤漆塗りの紐が40点以上、富山県桜町遺跡でも中期末の太さ1.5mmの3片、同一個体で合わせて長さ4cmほどになる、細い繊維を数本撚った糸にベンガラ漆を塗った紐が出土している（大野淳 2006）。

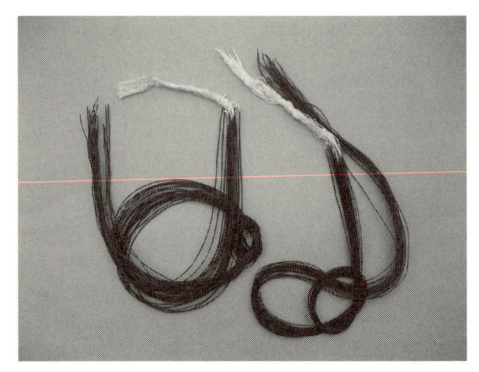

図36　漆を塗った糸（小野寺公夫氏製作）

図37　漆の繊維製品（漆塗り紐）　新潟県長岡市大武遺跡
（撮影：小川忠博）

第2章　漆文化のルーツ

1．ウルシ・漆文化の起源

これまでの「漆文化の起源論」

　漢（紀元前2世紀〜紀元2世紀）以降に発達した中国の漆文化が、特に仏教文化に伴う漆の高度な利用のため、古代になって中国から日本に輸入されたと考えられてきた。そして後に日本でも、蒔絵・螺鈿など独特な漆文化を発展させ、漆文化といえば日本を代表する世界的な文化といわれるようになった。当然、ウルシと漆工技術も、合わせて輸入されたと考えたことになる。このような歴史、美術工芸史的な一般的な理解は、今日まで受け継がれているようだ。

　考古学的には特にウルシ・漆文化のルーツは、中国科学院考古研究所の副所長をした安志敏が、漆文化の起源は中国だという前提で、揚子江下流域の新石器文化・河姆渡文化の構成要素である玦状耳飾り・高床建物・ヒョウタンなどと共に日本列島に渡来したと考えて、大きな問題提起をした（安志敏 1985）。浙江省余姚市河姆渡遺跡から、^{14}C 年代で約6200年前と測定された1点の赤漆塗り椀が発見されたことが、大きく評価された結果だった。当時、縄文文化研究の先端をアジア史的視野をもって研究し始めていた江坂輝弥は（江坂 1987）、この考えを支持した。早期末から前期初頭に中国南部浙江省から漆文化などが渡来したと考え、それらが韓国西南部や西九州地方の低湿地遺跡から将来発見されると予言していた。同じく植物学の中尾佐助（中尾 1966）や文化人類学

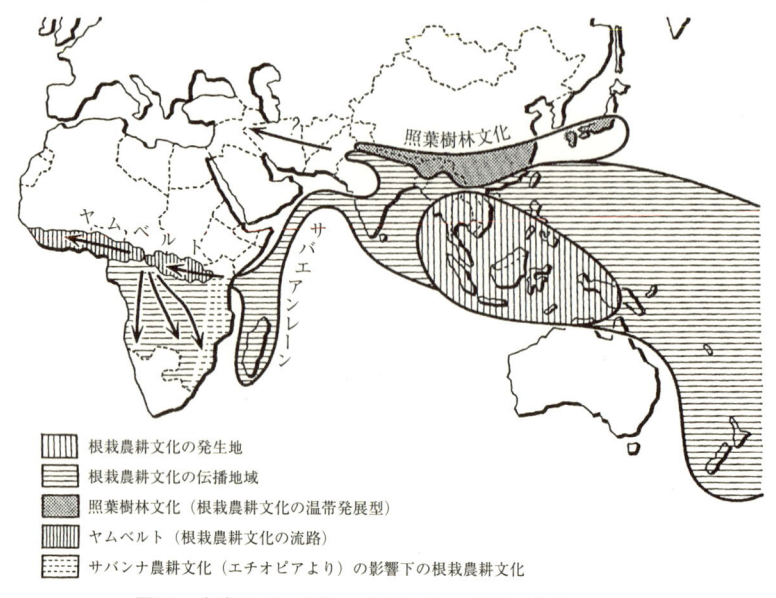

|||||| 根栽農耕文化の発生地
≡≡≡ 根栽農耕文化の伝播地域
▓▓▓ 照葉樹林文化（根栽農耕文化の温帯発展型）
|||||| ヤムベルト（根栽農耕文化の流路）
∷∷∷ サバンナ農耕文化（エチオピアより）の影響下の根栽農耕文化

図38　東南アジア起源の根菜文化の伝播（中尾 1966）

の佐々木高明（佐々木高 2000）らによって、東南アジアから中国南部に広がる照葉樹林文化が、黒潮に乗って日本列島の南から到達した大きな流れがあったと考えられている（図38）。

　このような状況で鈴木公雄は1988年に、『古代史復元2　縄文人の生活と文化』で「漆を使いこなした縄文人」と題して、縄文漆を大きく取り上げた（鈴木公 1988）。鳥浜貝塚に代表される縄文時代前期の漆文化は、後氷期の温暖化に伴って縄文人が植物利用を進める中で開発したもので、河姆渡遺跡とほぼ同期の東アジア最古の漆技術であるが、日本の方が漆製品の種類が豊富で赤漆だけでなく黒漆も用いている点をあげて、格段に進んでいると評価した。ただし、漆のような複雑な技術体系が東アジアの各地でそれぞれ独立して発生したと考えるのは不自然であること、植物学的には同種のウルシ（ただし、最近の東アジア各地の現生ウルシのDNA分析では、少なくとも北と南の系統が異なるこ

とが判明している)であること、今から6000年前の縄文前期に到達していた技術をよりさかのぼる技術の存在が予想されることなどから、東アジアの未知のどこかに河姆渡遺跡と鳥浜貝塚などに共通する起源があったと想定した。

漆文化の起源論

　一方、1985年前後からは、低湿地遺跡の発掘調査や出土品による考古学的な成果も増え、次第に日本の漆文化の初源の姿が語れるようになり、ルーツ問題については慎重な意見が多くなっていった。小林達雄は、初期縄文漆文化の完成度から見て縄文人が発明した可能性を説いている(小林達 1996)。また、森川昌和は、中国南方からの渡来説に対して、河姆渡遺跡を訪れて現物を観察し、縄文の漆製品とは種類も赤・黒漆の使い方なども異なり、古手の漆製品が日本列島の北に分布する事実も指摘して、日本海を経由して大陸の北方ルートで伝播したとする説を展開した(森川 2001)。

　このような状況下で、2001年8月に北海道南部の函館市垣ノ島B遺跡で約9000年前までさかのぼる見事な漆文化が確認された(阿部 2006)。そこで最近の「ウルシの原生木の分布、栽培化、系統」などに関する植物学的研究や、出土ウルシ樹木・種実・花粉についての新知見、発掘調査による初期縄文漆についての研究の進展、隣接大陸での漆文化の研究状況などに基づき、縄文漆の始源問題について検討してみよう。

2．植物学的研究の進展

原生ウルシの分布と系統

　植物学の定説では、ウルシの原産地はヒマラヤから中国南部の暖温帯・照葉樹林帯にあり(堀田 1996)、日本では野生のウルシが確認できないので、中国

大陸から朝鮮を経由して7世紀には日本に伝わっていたと考えられている（平井 1996）。一方、ウルシが陸奥・陸中・武蔵・大和・河内などの各地の沖積層に化石として出土するし、古書の『桃源遺事五』の記事や近年の向坂道治の『植物渡来考』に自生であるかのように記されているし、権威である松村任三が日本での野生説を唱えたことから、伊藤清三は、縄文時代以前に輸入されたと考えるには渡来の目的・方法、国内での伝播・繁殖などに疑問があるとして、日本の照葉樹林帯にも自生したとする説を掲げた（伊藤清 1979）。またその後、伊藤の自生説も紹介した永瀬喜助は、日本における天然樹と人工植栽の分布を図示している。つまり、天然のウルシが日本列島にも分布する図を説明なしで示している（永瀬 1986）。

しかし、ウルシの木は陽樹であり、日照豊かで適度な水はけのある肥えた土地を好んで生育する。良質な樹液の滲出も、下草管理などの良否に依存するといわれている。したがって、日本の自然植生においては、樹木の鬱蒼とした山野のなかでは淘汰され、自生することはないという。仮にほそぼそと生育できたとしても、良質な漆液の分泌は期待できないと思われる。現在見られるウルシの木の多くは、藩政時代から昭和前半にかけて栽培されてきたものの名残であり、人間の生活する環境の縁辺部、たとえば田畑の周辺、山地や林の周縁部に育成している。人間の生業活動の及んでいる土地においてこそ、行き続けているといってよい（永嶋 1996）というのが常識的な考えのようだ。現に日本の植生を調査し続けている鈴木三男・能代修一らも、ウルシの原生樹木は確認できないというし、存在は予想されないという。

近年、鈴木三男らが中国・韓国で現生ウルシの分布調査を行い、ルーツ問題にも迫ろうとしている。中国の植物学では、ウルシは「新疆を除いてほぼ全土の風が避けられる日当たりの良い山の斜面に多く生えている（中国科学院植物研究所編著 2002）とされ、『雲南植物誌』（中国科学院昆明植物研究所編著 1997）では「黒龍江・吉林省、内モンゴル、チベット、寧夏、新疆自治区を除

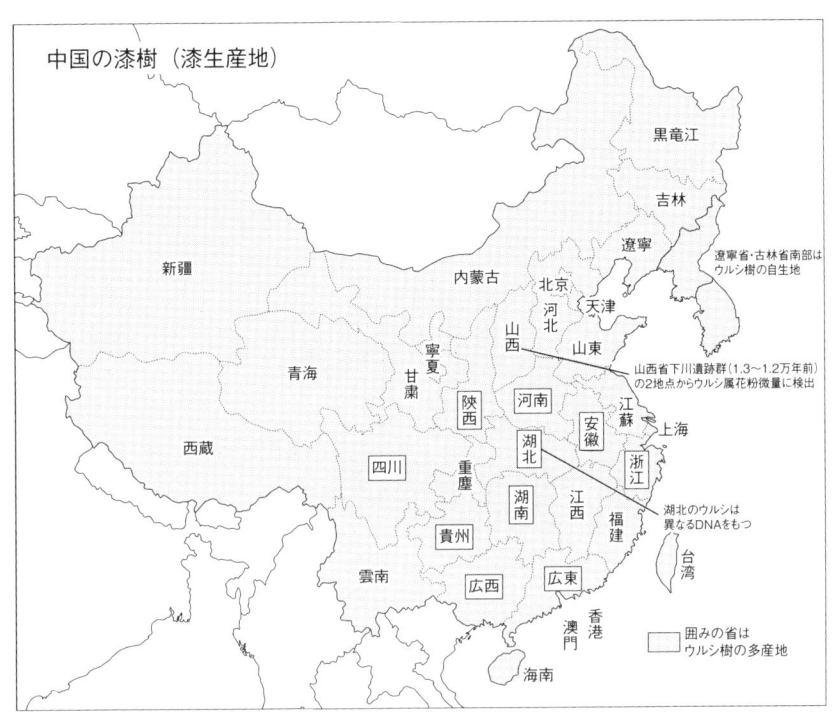

図39　中国の原生漆樹主要分布（『中国古代漆器鑑賞』2002に加筆）

いてほかの省ではほぼ等しく生育し、栽培もされている」と記し、『中国古代漆器鑑賞』（聶菲 2002）には現代のウルシ樹多産地が図示されるなどの記載がみられる（図39）。これらの記載を踏まえ、鈴木らは北京の中国科学院植物研究所に収蔵されている植物標本の調査によって、中国のウルシの分布図（図40、鈴木・米倉ほか 2007）を作成し、これを基にウルシの生育地調査が実施された。湖北省西部の揚子江中流域では山地の標高500m以上になるとウルシの栽培が見られ、1000mを越えると野生のウルシが出てきて標高2000m付近の雑木林には必ずといっていいほど野生ウルシが生育していた。この地域では野生・栽培に関わらず漆液を採取していた。一方、湖北省東南部や浙江省ではウ

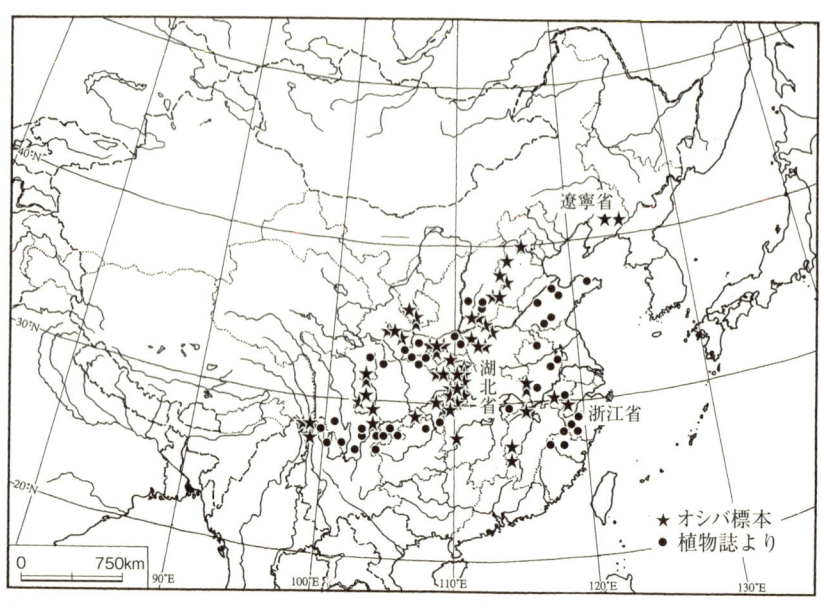

図40 中国現生ウルシ木の分布
(鈴木・米倉ほか 2007)

図41 中国遼寧省でのウルシ調査
(2006年8月) ウルシの大木の下で。

ルシは栽培されているが、標高100m 以下から500m くらいまではヤマハゼが多く、それ以上になるとハゼノキ、そして1000m を越えるとヤマウルシがあるが、ウルシはまったく見られなかった。一方、標本に記された採取地を頼りに、予想よりはるか北の地域である遼寧省の本渓県と桓仁県のウルシ調査を行った（図41）。意外にも標高100m から200m の丘陵の二次林にウルシが自生していた。この地域ではウルシ材を、家具や井戸の釣瓶などに用いていたが、漆液の採取はしたことがないという。

　また韓国ではソウル東方の原州、その南方の沃川が、鈴木らによって調査された。いずれも漆の栽培と漆器の製作が確認されるが、野生のウルシの存在については確認できていない（鈴木三 2007）。

　なお、ウルシはいうまでもなく落葉広葉樹であり、秋になると紅葉して葉を落とす。現生ウルシが、中国では予想外に北の少なくとも遼寧省から吉林省南部までは分布している。また、日本では九州、四国、本州に分布し、北の北海道でも近世・近代にはウルシが栽培されていた。北海道南部の松前藩ではウルシが植えられ、近世には開拓使が道南から道央までウルシの栽培を奨励した。明治20年代に積丹半島の基部にある共和町で使われていた漆掻き道具が残っており、ウルシが植えられて、漆液が利用されていたという。また、幕末に植栽されたというウルシが、網走市街の外れの天都山麓に百数十本が今でも生育している（北海道開拓記念館 1998）。寒冷な道東の網走まで適応したウルシが認められ、現在よりやや温暖な縄文時代前期を中心とした時期にもウルシが成育しうる環境があったといえよう。一方、九州から中四国での漆産地は少なく、鹿児島から南西諸島でのウルシの生育は確認できない。1979（昭和54）年の漆液の生産地も、北陸・東海以北の本州に多い（図42・43、伊藤清 1979）。また、奈良時代の都、奈良に貢納された漆の産地は、「正倉院文書」や『延喜式』によると東北太平洋側から北陸などであり、南九州からの貢納は認められない（図44、奈良国立文化財研究所 1997）。つまり、日本列島の縄文時代以来の歴

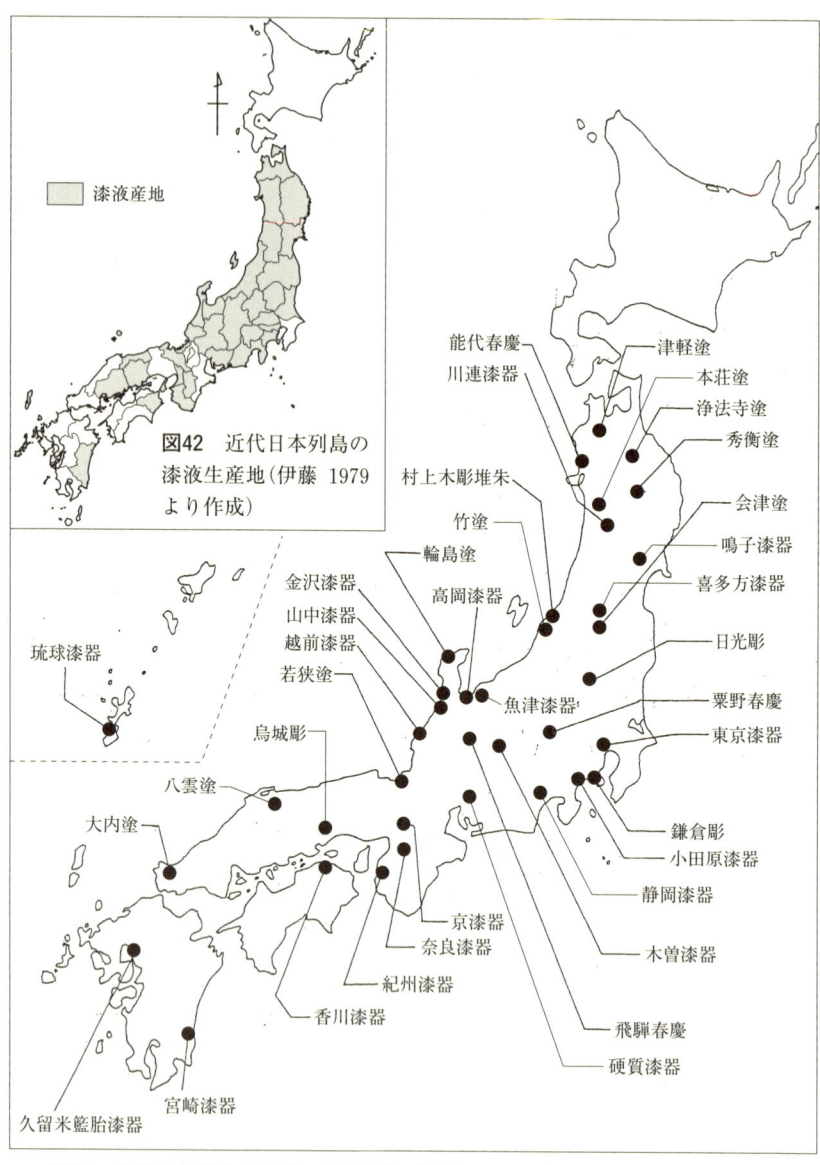

図42 近代日本列島の漆液生産地（伊藤 1979より作成）

漆液産地

能代春慶
川連漆器
津軽塗
本荘塗
浄法寺塗
秀衡塗
村上木彫堆朱
竹塗
輪島塗
金沢漆器
高岡漆器
会津塗
鳴子漆器
喜多方漆器
山中漆器
越前漆器
若狭塗
魚津漆器
日光彫
粟野春慶
東京漆器
琉球漆器
烏城彫
鎌倉彫
小田原漆器
八雲塗
静岡漆器
大内塗
木曽漆器
京漆器
奈良漆器
紀州漆器
香川漆器
飛騨春慶
硬質漆器
久留米籃胎漆器
宮崎漆器

図43 近代日本列島の漆器の主要産地（柳橋 1985、小川 1997をもとに改変）

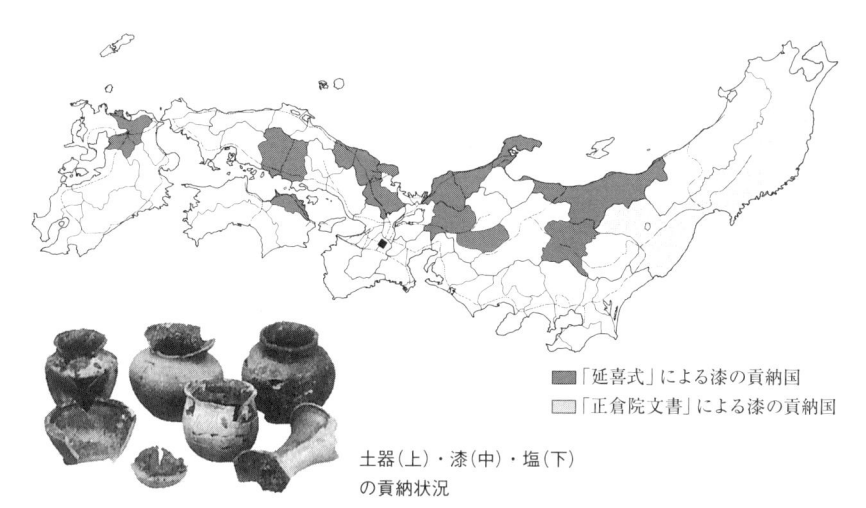

■ 「延喜式」による漆の貢納国
□ 「正倉院文書」による漆の貢納国

土器(上)・漆(中)・塩(下)
の貢納状況

図44 古代奈良の都へ供給した漆産地（奈良国立文化財研究所 1997）

史を通してみても、日本列島の北半分寄りに適応した植物であったことがわかる。

ウルシは、ウルシ属のなかでもよりアジアの北に適応が可能な種であり、更新世の旧石器時代の東アジアにも生存していたと思われる。加藤真二の教示によれば、中国四川省の下川遺跡群の2地点からウルシ属の花粉が微量ながら検出されているという。ウルシである可能性があり、当時の日本列島にもウルシが生存していた可能性も捨てきれない。なお、まだまだ寒冷であった約1万年前の縄文草創期にあって、定住化も十分でない時期の鳥浜貝塚からウルシが確認された事実は、漆文化が成立する以前の日本列島にウルシが命脈を保っていた可能性を示唆するように思える。

出土ウルシ（花粉・種子・樹木）からみたルーツ

植物も同じ科さらには同属に属する種は、遺伝的に近縁であるから生活の仕方、化学組成ばかりでなく、形態も良く似ている。一方、同種でも形態的バラ

ツキがあったり、異種でもほとんど区別できない場合も多い。そのためこれまでは、ウルシ属（ウルシ、ヤマウルシ、ハゼ、ヤマハゼ、ツタウルシ、ヌルデの6種）のレベルでまとめて識別（同定）することしかできなかった。しかし、最近、花粉については吉川昌伸が、表面の彫紋模様の詳細な顕微鏡観察と画像解析によって、ほかのウルシ属からウルシを識別することを可能にした。

　これまでに青森県の縄文時代前期の向田（18）遺跡、前期から中期の三内丸山遺跡北の谷地区や大矢沢野田遺跡などで、ウルシの花粉を検出している（図45、吉川昌 2006）。ただし、ウルシ花粉の出土数は、一遺跡につき1から数個程度で、虫媒花であるから生産量はもともと少なく、遺跡から検出するのはなかなか難しい（鈴木三 2006）。ちなみに土壌中にどのくらいウルシの花粉が残存するかの実験では、開花期で全樹木花粉の約15％、10月で6.5％であった（叶内・神谷 2004）。

　また吉川純子・伊藤由美子は、ウルシ果実の堅い種子（中果皮）の細胞層構造（断面の顕微鏡観察）とそれに由来する表面構造（表面の顕微鏡観察で可）に違いを見出し、ウルシをほかのウルシ属から識別することを可能にした。青森県の縄文時代前期の岩渡小谷遺跡や三内丸山遺跡第6鉄塔地域などでウルシ種子の存在を明らかにした（図46、吉川純・伊藤恵 2005）。ほかに道南の函館市南茅部町の臼尻小学校遺跡（中期）や近野遺跡（中期後半から後期初頭）でも、種子を確認している。さらに、ウルシ属の木材については、これまでヌルデとヤマウルシに識別されていた。しかし、鈴木と能代は、現生の各種の材構造とその成長に伴う変化を詳細に検討して、年輪始めの大導管径が大きいこと、年輪内での道管径の減少パターンに違いがあること、に注目して2002年に青森県岩渡小谷（4）遺跡で同定した時からウルシの識別を可能にした（図47、Noshiro and Suzuki 2004）。

　そして、福井県鳥浜貝塚の草創期層からウルシの樹木1点、岩渡小谷（4）遺跡の前期中葉から後葉のウルシ材を用いた舟形木製品・容器・板材・杭を合

第 2 章　漆文化のルーツ　75

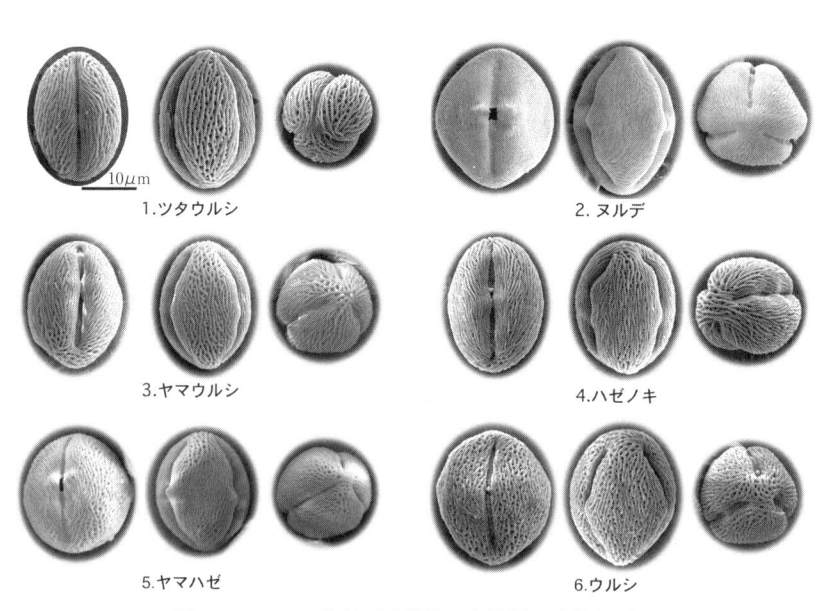

1.ツタウルシ　　2.ヌルデ

3.ヤマウルシ　　4.ハゼノキ

5.ヤマハゼ　　6.ウルシ

図45　ウルシの花粉（顕微鏡写真撮影：叶内敦子）

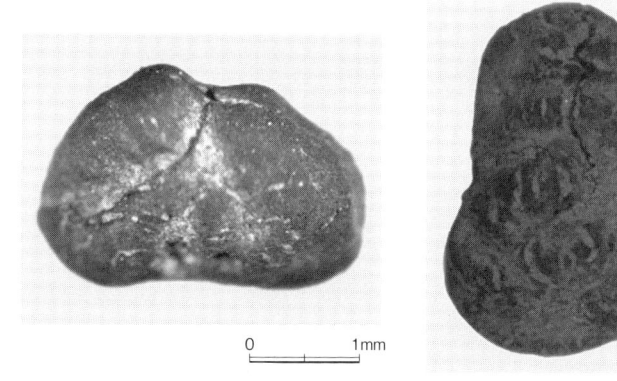

図46　出土したウルシ種子　青森県三内丸山遺跡

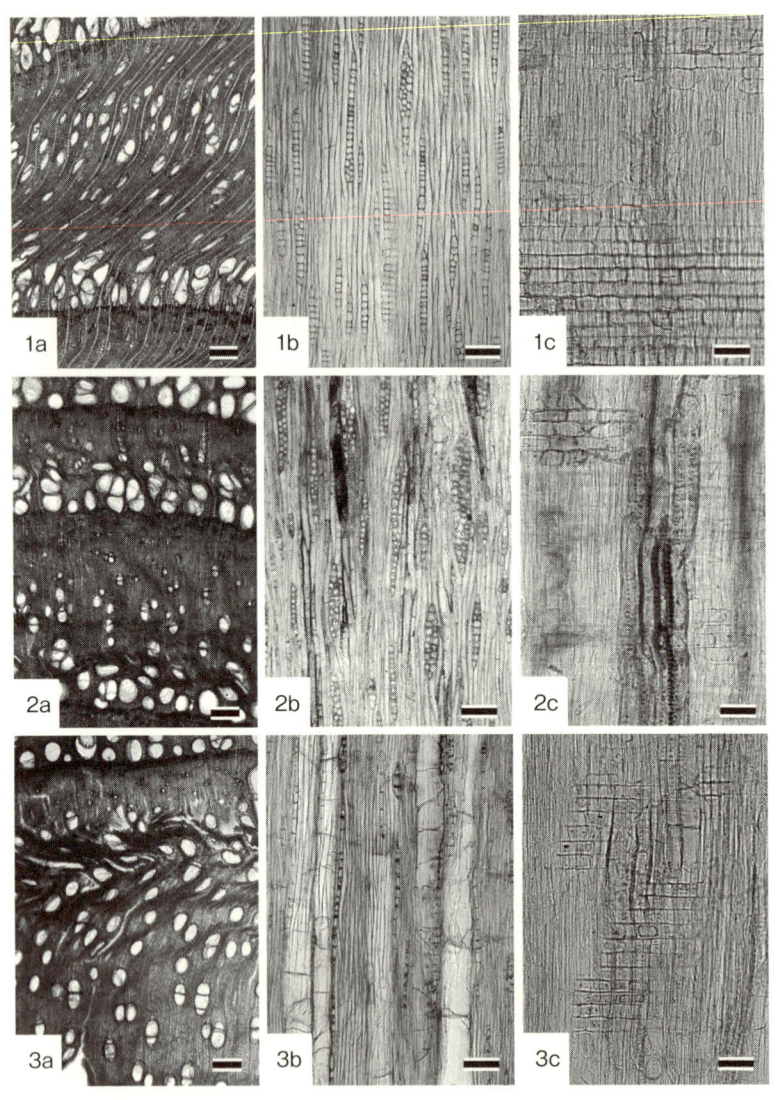

図47 ヌルデ・ヤマウルシ・ウルシ（枝・幹材）の樹種同定顕微鏡写真（1a〜c．ヌルデ　2a〜c．ヤマウルシ　3a〜c．ウルシ，a横断面スケール＝200μm，b接線断面スケール＝100μm，c放射断面スケール＝50μm）　青森県是川中居遺跡

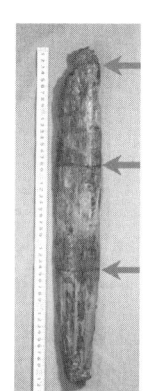

図48 掻きキズ（右拡大）のあるウルシ材　東京都下宅部遺跡

計17点、同じく同県同期の向田（18）遺跡や三内丸山遺跡でも多くの自然木などを検出している。また中期でも埼玉県の寿能遺跡や赤山陣屋遺跡、富山県桜町遺跡などで数本ずつの材が発見された。さらに東京都下宅部遺跡では後期を中心として97点の材が発見され、後期の前葉から中葉の河道に打ち込まれた5か所の杭群を構成する合計72本のウルシ杭には43本に漆掻き痕が認められた（図48）。後期には、ほかに東京都の愛宕下遺跡や弁天池低湿地遺跡、埼玉県の赤城遺跡や後谷遺跡、千葉県の神門遺跡、山形県高瀬山遺跡、秋田県柏子所遺跡などで、晩期には青森県是川遺跡や栃木県寺野東遺跡でも自然木や加工木が発見されている。弥生時代以降もまだ確認例は少ないが、古墳時代、古代へと継続してウルシが発見されている（図49、Noshiro. *et.al.* 2007）。

現生ウルシのDNA分析から見たウルシの系統

　鈴木三男・田中尚孝らは、植物の細胞には核のDNAと、細胞質内にある葉緑体DNAとミトコンドリアDNAがあるが、葉緑体DNAは、細胞内に多数あって検出しやすいこと、母からのみ子に遺伝するので交配によって混ざるこ

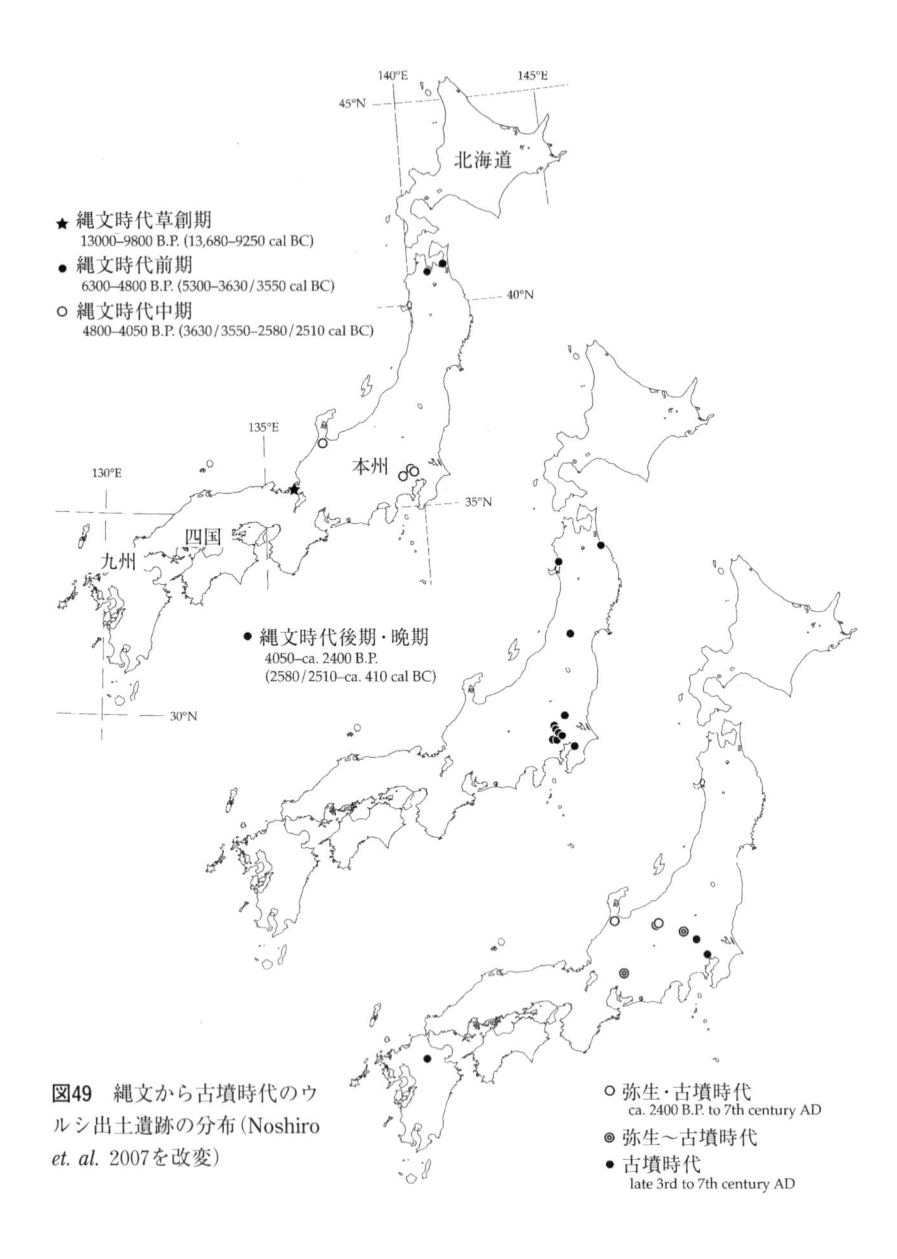

★ 縄文時代草創期
13000–9800 B.P. (13,680–9250 cal BC)
● 縄文時代前期
6300–4800 B.P. (5300–3630/3550 cal BC)
○ 縄文時代中期
4800–4050 B.P. (3630/3550–2580/2510 cal BC)

● 縄文時代後期・晩期
4050–ca. 2400 B.P.
(2580/2510–ca. 410 cal BC)

○ 弥生・古墳時代
ca. 2400 B.P. to 7th century AD
◉ 弥生〜古墳時代
● 古墳時代
late 3rd to 7th century AD

図49 縄文から古墳時代のウルシ出土遺跡の分布（Noshiro *et. al.* 2007を改変）

とがないこと、植物にしかないので分析をしている人の DNA が混じっても識別できることなどから、ウルシの葉緑体 DNA を用いて近縁関係を分析している。まず日本、中国、韓国のウルシ47個体と、ヤマウルシ 9 個体、ツタウルシ 3 個体、ハゼノキ10個体、ヤマハゼ11個体、アンナンウルシ、ヌルデについて、葉緑体 DNA の中の trnL という領域と trnL と F の遺伝子間の領域を合わせた約780の塩基について配列を読んだ。

その結果について系統樹を作ると、①ウルシという同一種は、一つの枝にまとまり、②日本のウルシには（この遺伝子領域では）まったく違いがなかったという、③遼寧省と韓国のウルシは日本とまったく同一だった、④浙江省のウルシは日本のウルシと少し違っていた、⑤湖北省のウルシはほかのウルシとは、解析領域で 5 か所の塩基が明確に置換して異なっていた（図50）。

多くの日本のウルシ間に違いが見つからないことは、同じ種なら同じ配列であるのが普通であり、なんら不自然ではない。しかし、湖北省のものが780ほどの塩基配列の中で 5 か所も違うのは非常に奇異で、一般的な分類学の感覚では別な種と思うのが当然であるという。日本のウルシは、湖北省のウルシとはまったく結びつかないこと、浙江省の栽培ウルシも別系統で、遼寧省の原生ウルシと韓国の栽培ウルシと同系統だと分かった（鈴木三 2007）。つまり、ウルシの原生、栽培種やそれらの DNA 分析結果では、中国南部から日本列島にウルシと漆文化が流入したとは、今のところ考えられない。

3．日本列島での漆文化の初源

第 1 章の 6・7 で述べた縄文時代の早期後葉から前期までの漆文化の内で、特に日本列島での漆文化の初源について、関連する事柄を要約して再録しておこう。

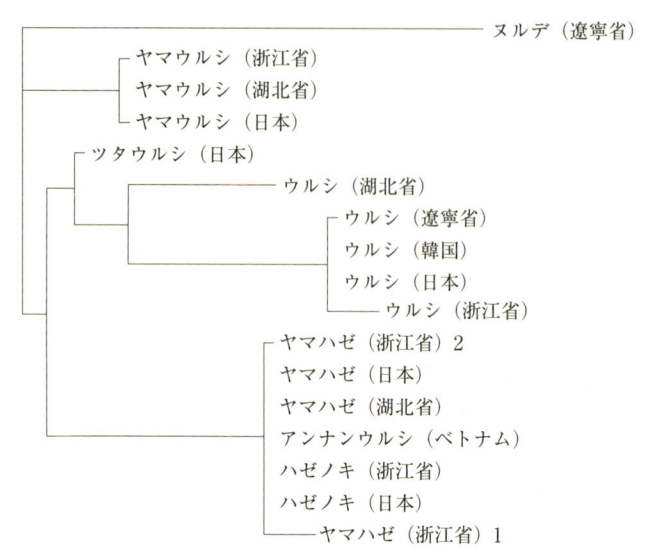

```
                                    ヌルデ（遼寧省）
          ┌ ヤマウルシ（浙江省）
          ├ ヤマウルシ（湖北省）
          └ ヤマウルシ（日本）
     ┌ ツタウルシ（日本）
     │      ┌ ウルシ（湖北省）
     │      │   ┌ ウルシ（遼寧省）
     │      │   ├ ウルシ（韓国）
     │      │   ├ ウルシ（日本）
     │      │   └ ウルシ（浙江省）
          ┌ ヤマハゼ（浙江省）2
          ├ ヤマハゼ（日本）
          ├ ヤマハゼ（湖北省）
          ├ アンナンウルシ（ベトナム）
          ├ ハゼノキ（浙江省）
          ├ ハゼノキ（日本）
          └ ヤマハゼ（浙江省）1
```

図50 現生ウルシ DNA の塩基配列の比較（鈴木三 2007）

　道南垣ノ島Ｂ遺跡の早期半の赤漆繊維製品が、日本そしてアジア、世界最古の漆製品である。この頃北方ルート、北方の影響で、北海道には玉類・玦状耳飾り、石刃鏃、開窩式離れ銛などが特徴的に見られる。このような状況をみると、ウルシと漆文化の北方からの伝播があったのかもしれない。それにしても陸伝いに北から来るとすれば、北緯45度を越えるようなロシア沿海地方やサハリン経由が想定されるので、余りに北過ぎるという疑問が残る。

　次いで前期初頭にも北海道東部の標津町伊茶仁チシネ第一竪穴群遺跡、帯広市大正８遺跡、恵庭市西島松３遺跡でも赤漆繊維製品が見つかっている。さらに本州でも前期前半では、秋田県大仙市（旧協和町）上ノ山遺跡で漆塗り石製品、新潟県長岡市大武遺跡の繊維製品、富山県射水市（旧県小杉町）南太閤山Ｉ遺跡の漆塗りヒョウタン容器、石川県七尾市（旧田鶴浜町）三引遺跡の結歯式櫛などが発見されている。日本列島の東北部日本海側には独特な漆文化が存

在していたといえる。

　一方、九州には早期前半の佐賀市東名遺跡や前期初頭の長崎県諫早市（旧多良見町）伊木力遺跡などの大規模な低湿地集落が知られているが、漆製品は発見されていない。九州の縄文時代には、唯一、東からの搬入品かと思われる後期後半の赤漆塗り太刀形木製品が、福岡市四箇遺跡から発見されているだけである（福岡市教育委員会 1987）。また、朝鮮半島の低湿地遺跡である縄文時代早期に並行する韓国飛翻里(ビボンニ)遺跡でも漆製品は発見されていない。

　このような初期の漆製品の特殊性と地理的な偏り、縄文時代全体から見ても東日本、特に東北日本に偏った漆製品の分布状況は、南からのウルシ・漆文化伝播説に対して否定的である。

4．近隣大陸の様相

中国揚子江流域の初期漆文化

　中国大陸で最古の漆文化が確認されている河姆渡遺跡は、約6400年前のベンガラと分析されている赤色顔料による赤漆塗りの台付椀、約7000年前の黒色漆塗りの筒形木器、同じく黒漆塗りの装飾的な建築部材（蝶形器と報告されている）が、発見されている。ほかに褐色の漆（未分析）塗りの彩文土器が、数点発見されている（図51、浙江省文物考古研究所 2003）。どうやらこれらが漆製品のすべてであるらしく、全体的に漆製品は少なく、器種も限られている。黒漆塗りが勝り、漆塗りは薄くて粗雑な印象である。縄文時代の漆文化とは多くの点で異なる。なお、浙江省跨湖橋遺跡では黒漆塗り棒状木製品が知られ、約7600年前という河姆渡遺跡より古い年代が測定されている（浙江省文物考古研究所・蕭山博物館 2004）。

　揚子江下流域のこの地域には河姆渡文化に属する30か所余りの低湿地遺跡が

図51 中国浙江省河姆渡遺跡の漆製品（1～3．漆彩文土器 4．赤漆塗台付鉢 5・6．蝶形品）

分布する。木柱を残す掘立柱建物や木組み井戸、ドングリ貯蔵穴、墓地などによって集落が構成されている。多くの土器、骨鏃・骨鋤・骨針・ヘアピン・笛などの骨角器、斧・ノミなどの磨製石器、玦状耳飾りや玉類などが発見されている。これらの低湿地遺跡は、漆製品があれば保存が良いはずであるが、跨湖橋遺跡や田螺山遺跡などで少数ながら褐色の漆塗り土器が発見されている程度で、もとより漆文化の発達は未熟であったといえよう。

河姆渡文化以後もこの地域の馬家浜文化（約6000年前）、崧沢文化（約5600年前）に漆文化は継続し、黒漆が塗られた高坏、後者では仏壇廟遺跡で赤黒漆を塗った高坏や壺形土器などが発見されている。次いで良渚文化（5200〜4300年前）では、石鋤などを用いた農業が発達して階級社会へ大きく変化する。卞家山遺跡では口がラッパ状に開いた酒器坏や盆などの木製漆器、反山12号の王墓からは多くの土器と共になめらかな弧で描いた赤漆絵を全面配して白色の玉を象嵌した木坏が発見された（図52）。漆絵を特色とする専門工人の出現が考えられる段階に発達したという（王巍 2004）。

4000〜5000年前における漆絵、漆彩文の発達は、もしかすると日本の縄文時代中・後期に影響を与えた可能性はあるが、多くの点で縄文の漆文化とは様相を異にしている。

中国中原地域での漆文化

黄河流域の山西省汾襄県陶寺遺跡で約4300〜4100年前の墓から発見された漆器には、高坏・杯・盆・盤などの容器、案、鉞の柄などがあり、皆比較的大きく、赤と緑の漆塗りが認められる。これらが、今のところ最古の漆製品である。引き続き陶寺中期の墓からは、漆製品の種類も増え、大貴族の贅沢品・礼器が出土している。これらには、赤地に白漆の渦雲文や幾何文が良く見られるようにもなった。また泥で作った型の上に絹を張り、漆を20回ほど塗って乾かし、底に穴を開けて水で洗って中の泥を洗い抜く「脱胎」の技法や、木杆（竿・

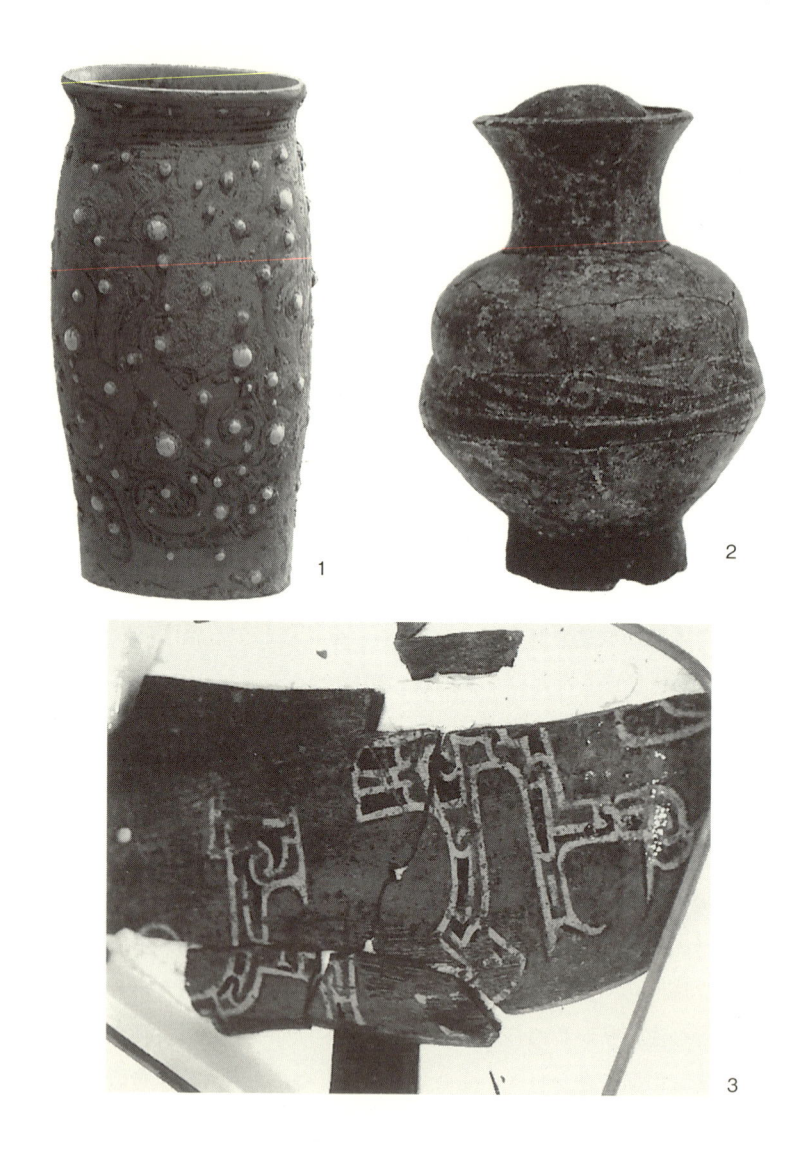

図52　中国南部の初期漆文化（1．反山遺跡出土の玉を象嵌した赤色漆塗り木杯　2．仙壇廟遺跡出土の漆塗り土器　3．卞家山遺跡出土の漆で文様を描いた木製盆）

棒）には黒漆地に赤や緑の漆を横線で段々に塗り分けた美しいものも見られる。

　4100～3800年前の二里頭文化期終末には青銅器を模した形、文様、彫刻が見られる漆製品があり、階級層分化も進み、大きく漆器の質も変化した。そして紀元前300年頃の西周になると瑠璃河遺跡の王墓には、トルコ石や貝などが象嵌されたり、金箔を貼る装飾が発達した（何努 2007）。

　約4000年前から紀元前後の縄文時代後・晩期並行期において、日本により近い中原・黄河流域の漆文化は、前述のようにさまざまな点で縄文漆文化とは大きく異なっていた。

中国北部での漆文化

　遼代（10世紀）の黒龍江省卡倫山墓地（北緯50度）や遼寧省法庫叶台墓地から漆器が発見されている。しかし、これらは貴族墓に副葬された移入品と考えられ、この地域で漆液を採集して漆器を生産した証は、石器時代以来ないようである。

韓国の初期漆文化

　日本の弥生時代に相当する紀元前4世紀頃の昌原市の德川里石棺墓から漆膜が出土しており、これが今のところ韓国の最古例である。次いで紀元前後の昌原市の茶戸里遺跡や光州市の新昌洞遺跡では、黒漆塗りの武器類、黒漆地に赤漆で文様を描いた高杯などの漆塗り木製容器、漆が付着した木製しゃもじなどが知られている（図53）。この漆文化は、日本の弥生時代以降に北部九州から山陰に影響を与えた可能性がある。

　なお最近、縄文時代前期の前半期に相当する昌寧市の飛鳳里遺跡が発掘されたが、低湿地遺跡であり多くの遺物が発見されているにもかかわらず、漆関係の出土品は知られていない。縄文時代に並行する韓半島では、まだ漆文化は存在しなかったのかもしれない。

図53 韓国の初期漆器　光州市新昌洞遺跡出土の漆付着木製しゃもじ（上）と黒漆塗りの剣鞘（下）

5．日本のウルシ・漆文化の起源仮説

　これまで説明してきたいくつかの事実から、日本のウルシと漆文化のルーツは以下の可能性が考えられる。

　まず第一に、ウルシの利用は、漆液を塗料に用いる以前（つまり、縄文時代早期半、9000年以前）から接着剤に利用していた可能性がある。旧石器時代の石器にしばしば付着している褐色の皮膜は、その候補となろう。また、鳥浜貝塚の草創期、約1万年前の地層からはウルシ樹木が発見されている。ウルシが相当早くから日本列島に育成していた可能性がある。

　一方、同じDNAの型をもったウルシが、日本列島全域と東北日本と同緯度地域の韓国や中国東北部に分布していることが明らかになった。そして。中国大陸と日本列島は旧石器時代にはいく度となく陸続きになったが、日本列島にもウルシがごく少数ながら自然分布していた可能性がある。

つまり、旧石器時代以来、日本列島に自生していたウルシは、接着剤などに利用されていたが、縄文時代になって定住が成立した以後、ウルシが管理・育成されるようになって各種漆製品に利用されると共にウルシと漆文化は分布を広げた。

　第二に、現生ウルシとDNAが一致する中国東北部、朝鮮半島に日本より古い未発見の漆文化があり、その地域からウルシと共に技術が伝えられた可能性もある。

　ただし、列島内での漆文化が当初よりそれらの地域とは大きく偏っていることからも、朝鮮半島やそれ以南から九州方面に伝わったとは考えられない。

　また、日本に伝わったとすれば、日本の初期漆文化の分布からみて、東北日本に中国東北部から入ったと考えられるが、漆を塗る文化が中国東北部に見られないこと、当初より日本列島で発達した多様で高度な漆文化の原型が、近隣地域にはその痕跡すら求められない。先述したように、遼寧省には最近まで漆製品が製作された痕跡はなく、紀元以後、この地の貴族にもたらされて、墓に副葬された漆器は見られるものの、古く日本の縄文漆のルーツに関わる時期に漆文化があった可能性は低い。また、韓国では日本の縄文漆文化に並行する時期には漆文化は存在せず、紀元前後に始まった漆文化はその後も独自の発達をした。

　一方、日本列島には約9000年前から北海道で漆文化が成立し、前期初めの約7000年前までは木胎の容器・弓・装身具に漆が塗られることはなく、少なくとも近隣の縄文時代並行期には見られない独自の漆技法が成立していた（図54）。また前期以降も漆製品の種類とその豊富さ、重ね塗りの技術や赤漆を多用するなどの技術的にも大きく異なる。

　これらのことを総合して考えると、北緯40度から遼寧省周辺に更新世から原生していたウルシが日本列島にも自生していて、遅くとも縄文時代早期後葉に定住が成立して以後、定住と共に日本列島の北部に漆文化が定着していったの

88

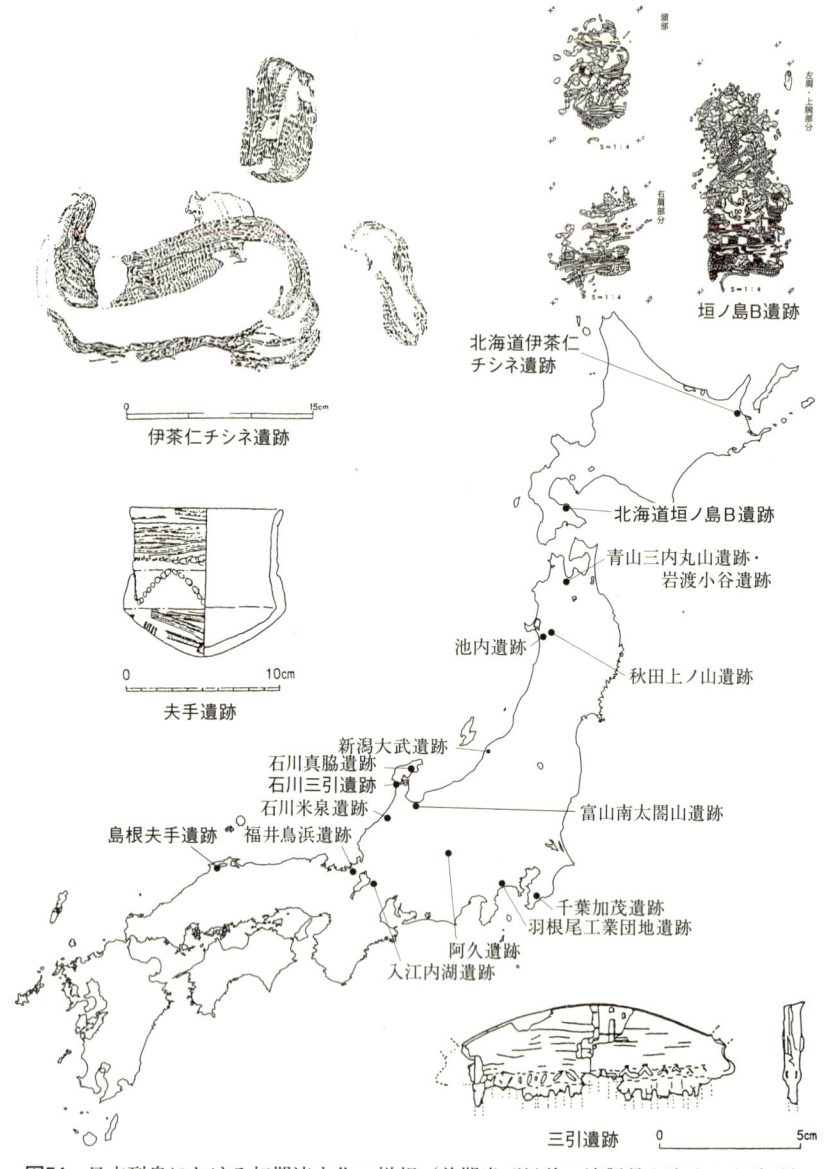

垣ノ島B遺跡

伊茶仁チシネ遺跡

夫手遺跡

北海道伊茶仁チシネ遺跡

北海道垣ノ島B遺跡

青山三内丸山遺跡・岩渡小谷遺跡

池内遺跡

秋田上ノ山遺跡

新潟大武遺跡
石川真脇遺跡
石川三引遺跡
石川米泉遺跡

富山南太閤山遺跡

島根夫手遺跡　福井鳥浜遺跡

千葉加茂遺跡
羽根尾工業団地遺跡

阿久遺跡
入江内湖遺跡

三引遺跡

図54　日本列島における初期漆文化の様相（前期半ば以前の漆製品が出土した遺跡）

図55 アジア各地での漆掻き取り方法（漆を科学する会 2004）
1．日本・韓国　2．中国建始・毛坝　3．中国竹渓・安康・城口　4．中国畢節
5．ベトナム　6．台湾　7．ミャンマー

ではなかろうか。

なお現代の漆掻きキズはアジア各地でそれぞれ異なる（図55）。日本は韓国と同じ水平キズであり、日本が縄文時代以来の伝統を継続させている点は、早くから独自の地域性をもっていたことと符合するかもしれない。

第3章　ウルシの栽培と漆の製作・利用

　ウルシの栽培から漆の製作・利用までの工程を復元するためには、植物であるウルシとその樹液の生態的特徴による共通性、あるいは技術として伝えられ受け継がれてきた一連の作業、道具が参考になるはずである。遺跡・遺物から実証できる事実を重ね合わせて、縄文時代からの共通性を探る必要がある。

1．集落近辺でウルシの栽培

　第2章で述べたように、日本ではウルシの自生・原生は認められないので、育成・栽培が必要である。このことは日本列島以外から人手を経て移植・栽培されなければ存在しないことを示し、列島内での分布も移植・栽培を前提とする。また縄文時代でも花粉・種子・樹木が遺跡から発見されているので、かつての集落周辺にはクリ林などと同様にウルシが植えられて管理されていたと考えられる。
　東京都東村山市下宅部遺跡で出土した後期前葉から中葉と晩期前葉から中葉の土木用などの木材（約400～600本）の樹種を調べると、クリなどに続いてウルシも一割強から数％を占めていた。3、4cmの太さが多く、割って使用したものが半数ほどを占め、6cmの太さを越えると割って用いることが多い。埼玉県さいたま市寿能遺跡でも中期後半から後から晩期前半にウルシ材が検出されている（佐々木由・能代 2004）。

また、種としてウルシが同定できなかった、かつての発掘調査でウルシ属が報告されている。例えば青森県青森市の晩期・亀ヶ岡遺跡では、ウルシ属の種子が報告されているし（青森県教育委員会 1974）、新潟県柏崎市の刈羽大平遺跡では後期の「ウルシの木が何本か確認されており遺跡内でも漆を採取していた可能性が強い」と述べている（柏崎市教育委員会 1985）。また、北海道余市町の後期・安芸遺跡でウルシ属の樹木・種子・花粉が報告されているが（余市町教育委員会 2003）、ここでもウルシが集落周辺で栽培されていた可能性がうかがえる。

　最近、ウルシが同定できるようになってからは、山形県寒河江市高瀬山遺跡で、後期中葉から晩期中葉の木組み水場遺構（水さらし場）に多量のウルシ材が用いられていた。ウルシがクリやトチと共に集落近くで、栽培・管理されていたと考えている（パリノ・サーヴェイ 2005）。また、新潟県胎内市（旧中条市）の晩期・昼塚遺跡では、掘立柱建物跡に残されていた柱32本の内で樹種が判明した31本は、ヤマグワ13本に次いでウルシの柱根が5本であった（新潟県教育委員会・（財）新潟県埋蔵文化財調査事業団 2006）。同じく新潟県胎内市の晩期・野地遺跡でも太い柱材にウルシが用いられていた。北陸でも晩期を主体とした金沢市中屋サワ遺跡で、ウルシの板材が発見されている（金沢市埋蔵文化財センター 2009）。北海道中央部から少なくとも関東・北陸などで、遅くとも縄文時代前期以来、ウルシが栽培・育成されていた見通しがついてきた。

　このような事実と今後の同定あるいは再確認などを通して、すくなくとも漆製品がより普及する東日本の縄文時代後期以降には、定住集落周辺にクリと共にウルシが植えられていたことが、一般的であったことが判明するのであろう。ただし、ほとんどすべての定住集落に植えられていたのか、どの程度の本数がどこに植えられていたのかなど、具体的な様相の復元は今後の検討課題である。

　ウルシの栽培は、現在行われているように、種子を蒔いて苗を育てる方法と、良質で収量の多い木を選んで鉛筆ほどの細い根を取って芽を育てる方法（分根

法)、あるいは切り株に出た萌芽を植える(萌芽更新)などの方法があったと考えられる。そして、漆を掻き取ることができるようになるためには、最低限、数年の年月が必要である。その間、ウルシはデリケートであるため、現在行われているような、葉を食い荒らす毛虫を除去したり、小さいころから下草を刈り、枝葉の剪定も行っていたかもしれない。また、5月後半から6月にかけての霜にはきわめて弱いなど、長い年月にわたる先を見通した管理・育成が必要であった(日本うるし掻き技術保存会 2005)。

2．ウルシの若芽を食べる

　ウルシ栽培地域では、縄文人も若芽を摘んで食べたと思われる。現在も中国や朝鮮半島、日本で茹でて食べる。強壮剤になり、山菜の一種として和え物などにもする(平井 1996)。『民俗学辞典』((財)民俗学研究所編 1951)にも千葉徳爾が「若芽をおひたしにして食べると美味」と記している。新潮社刊の『芸術新潮　特集そろそろうるし』(2006年12月号)の「豆知識コラム」でも「漆の木の芽も天麩羅やあえものにすると独特の風味があり、茶人たちが珍重し」たと紹介している。私も全国に出かけたときに地域の方たちにウルシを食べたかどうかを聞くと、多くの地方(山陰、東北各地など)で春に若芽を摘んで、おひたし・てんぷら・和え物などにして食べていたことが分かる(図56)。もっともウルシかぶれを起こさない人にしか勧められないが。

3．漆掻きなどウルシの利用、伐採

　東京都東村山市下宅部遺跡では後期前葉から中葉と晩期前葉から中葉のウル

図56 ウルシの若芽でおひたしをつくって試食する（撮影：高田和徳）

シ材が72点発見され、その内43点に水平方向に幹を一周する細い傷跡が、10～15cm間隔で1～3本確認された。キズは浅くてわずかに木部に届く程度で、数センチ間隔で数段にわたって幹を一周していた（図48）。ウルシの樹液は内皮の分泌道中に含まれるので、採取するときは樹皮を形成層に達する程度の深さにキズ付ける必要がある。ウルシ材のみに人為的なキズがあること、キズの深さが樹皮のみをキズ付ける意図を示すこと、などから漆を採取した痕跡と考えられる。

　この漆液採取に伴うと考えられるキズをもつ43本の材について、鈴木三男・能代修一らによる樹種の同定と共に、年輪形成数と伐採の季節性が観察された。太さは直径4～12（平均8.2）cm台で、3～22本の成長輪（平均年輪数8.8本）をもっていた。つまり、太さ8cmで9年ほど育てたウルシや、幹から伸びて9年ほど経った枝（枝は幹から生えた時より年輪を形成し始める）にもキズをつ

け、漆を掻き取った後に、伐採していた。また、それらウルシ木の横断面を観察して、最終、つまり最も外側の年輪からどのくらい成長した時点で、伐採されたかの季節性が分析された。その結果、早春1本、春7本、晩春3本、春から夏1本、晩春から夏5本、夏9本、夏から秋9本、秋15本、秋から冬7本であった。ピークは夏から秋におよそ65％が伐採されているが、全体的には早春から冬まで伐採されていた。現在は漆液を掻き取った後の秋に伐採しているが、その季節性とは異なっていた。つまり、ウルシの樹勢が良くて良質の樹液がとれ、漆の加工から塗布に適した高温多湿な夏が過ぎた時だけに伐採されたのではなかった。可能な限りキズをつけて限界まで漆液を採取した後に木を伐採してしまう、今日の「殺し掻き」とは異なり、少しずつ毎年漆液を採取する「養生掻き」をし、木材としての加工や杭などの土木材としての利用、あるいは秋に実を取った後や、接着剤・補修材として少量ずつの漆採集の後など、むしろ漆掻き以外の需要やきっかけがある時に伐採されていたようだ。

　ちなみに青森県青森市の岩渡小谷（4）遺跡では、舟形木製品や容器にウルシ材を利用していた。また、実からは、漆蠟を採っていた可能性がある（図57）。ウルシを樹液、材、実まで総合的に利用していた可能性があり、アスファルトの利用が開発される以前、あるいはアスファルトが流通しにくかった地域など、漆液、実の利用などは地域・時期によって事情が異なっていたと考えられ、それぞれの地域・時期によるウルシの季節的利用について、実態解明が期待される。

　1本のウルシから採取できる漆液の量はわずかである。1回のキズからたかだか数グラムの漆が取れる程度である。現在の漆掻きでは、直径10cmほどの木から、盛夏で1日に約10gの樹液が採取され、1シーズンに180cc程度で、漆椀を下地から塗るとして6から7客分（一客に25〜30ccを使用）にしかならないという。

　なお、漆の採取に当たっては、木を弱らせないように、無理をせずに毎日一

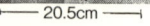

図57 漆蝋をとる
1．ウルシの葉
2．ウルシの実
3．蒸したウルシの実を入れた麻袋
4．中央の麻袋を両側から挟む
5．両側にヤを打ち込んで蝋を絞める

定量を採るよう心がける必要がある。また、雨が降っていたり、霧の時など、木が濡れている時に漆を掻いてはいけないという。掻き取りキズに水が入ると木の繊維にまるで黒ゴマを撒き散らしたような黒い斑点が生じ、次から漆の出が悪くなるそうである。

4．漆採取（皮剥ぎ、辺付け、掻き取り）

　漆液を掻くに当たって、現在はまず木の太さや形を見てキズのつけやすい比較的平坦な面を選ぶ。一般的に陽が当たって成長の良い南側は、年輪の間隔が広く、北側は狭い。つまり、東側と西側にできた平坦面を選び、キズをつけやすく液を採りやすいように、親指と人差し指を広げたぐらい、およそ18cm間隔で、交互に二つの面の皮を削る。

　最初にキズをつけて印にすると共に漆の分泌を盛んにするために、「辺付け」をする。そして、その下に順次、キズをつけておよそ20本のキズを4か月ほどで付け、漆を掻き取る。滲み出したウルシは透明だが瞬時に乳白色に濁り、さらに酸化して黒くなる。この掻き取ったままの漆を「荒味漆」と呼ぶ。

　縄文時代では、下宅部遺跡で今のところ唯一の「辺付け」と見られる水平方向のキズをもったウルシ材が多数発見されていることは前述したが、縄文時代では、皮剥ぎ・辺付け・掻き取りに、鋭い縁辺をもつ剥片石器が用いられたはずである。秋田県北秋田市の後期後半の漆下遺跡では、捨て場から多数の漆液容器が発見された。そこで秋田県埋蔵文化財センターのご好意とご理解により、それらが集中して発見された地区に残されていた漆と思われる「光沢と皺のある黒褐色付着物」が付着した剥片・二次加工ある剥片などについて、奈良文化財研究所の高妻洋成に依頼してフーリエ変換赤外分光法（FT-IR）によるその成分分析を実施した。残念ながら漆は検出できなかったが、必ず漆付着の石器

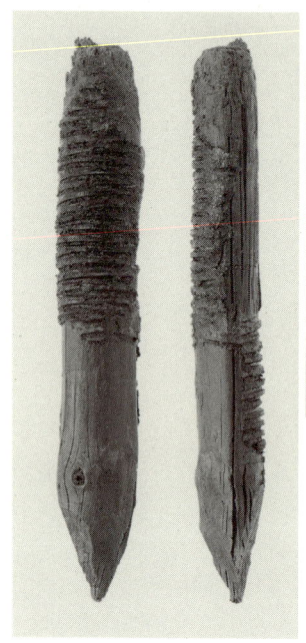

図59 掻き取り容器（カキタル）にウルシを集める

図58 漆掻き取り原木（江戸時代）　富山県桜町遺跡

が残されているはずである。

「辺付け」痕と思われるキズ付きのウルシ木は、9世紀後半から10世紀の石川県かほく市（旧宇ノ気町）指江B遺跡、江戸期と推定される富山県小矢部市桜町遺跡でも発見されている（図58）。東アジアでの現代での漆掻き痕は、韓国・日本とも水平に数段のキズをつけている。中国では、細い三日月状やV字状にキズをつける地域とがあり、それぞれ地域性をもっている（図55）。日本が縄文時代から現代に至るまで、水平にキズを付ける伝統を継承している地域性をもつらしいことは興味深い。

荒味漆は、今日は「掻き樽」とか「タカツボ」などと呼ぶホウやシナノキの樹皮で作った漆筒に掻き集める（図59）。縄文時代に漆筒に相当しそうな容器は発見されていない。ただし、新潟県柏崎市刈羽大平遺跡で、後期後葉と推定される樹皮と思われる圧痕が表面に残る袋状の形をした漆と思われる塊が2点

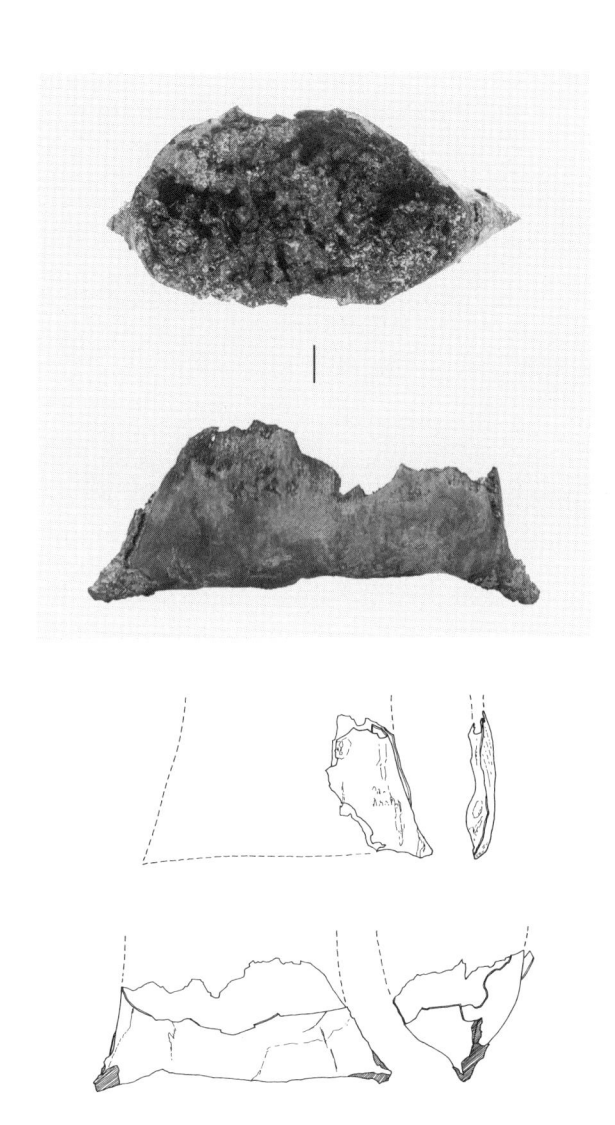

第3章 ウルシの栽培と漆の製作・利用 99

図60 漆入り樹皮袋の形を残す漆の塊とその実測図 新潟県刈羽大平遺跡

発見されている（図60）。また、数点の土器底部に漆が入った漆液容器も発見したと報告している（柏崎市教育委員会 1985）。さらに北海道小樽市の後期の忍路土場遺跡で報告された、漆が付着した箱状の樹皮製容器は、荒味漆を集めた入れ物だった可能性がある（図61、(財) 北海道埋蔵文化財センター 1989）。

なお、弥生時代末から古墳時代初頭の島根県出雲市中野清水遺跡では、内面に漆が厚く付着しているコップ形の小型土師器と、同じ形で漆が入らない未使用品と考えられるものとが、合計10点発見されている（図62）。この遺跡で作られた未使用の漆採取用の「漆筒」と使用後のものであろう（島根県教育委員会 2006）。

ところで出土品に見られる漆は、どのような特徴を観察し、分析によって漆と認定されるであろうか。永嶋正春（2006abc）は、「概ね外観的な特徴をもってほぼ間違いなく漆と推定することが多い」し、「土器を見て土器というがごとしである」と言う。そして、例えば非常に古い時代のもの、旧石器に使用されているかもしれない漆など、必要な場合に理化学的な分析をすれば良いとしている。また、漆液容器に付着した漆の判定について、「やや光沢を有する暗赤褐色～褐黒色の色調や、全体的には比較的薄手の膜状を呈しながらも、若干厚手に付着している箇所は縮み皺を生じている、（中略）その硬質さや抜群の質的保存状況をも考慮した場合、漆以外の素材で説明つくものではない」と述べている（永嶋 2000b）。また新潟県胎内市野地遺跡の漆製品を整理・分析した渡辺裕之は、「肉眼的に表面に縮皺が生じている」を認定基準にしている（新潟県教育委員会・(財) 新潟県埋蔵文化財調査事業団 2009）。

理化学的には、フーリエ変換赤外分光法（FT-IR）が用いられることが多い。1～2 mgほどの微量な塗膜片を採取して、KBr（臭化カリウム）100mgと共にメノウ鉢で磨り潰して、これを錠剤成形器で加圧成形して錠剤とする。これに波数4000～400カイザーの普通赤外光を照射すると、固有の振動をしている分子が同じ波長の赤外線に吸収され、分子構造に応じたスペクトルが得られる。

第3章　ウルシの栽培と漆の製作・利用　101

図61　樹液が入った樹皮製容器　北海道忍路土場遺跡

図62　土師器「漆筒」　島根県中野清水遺跡

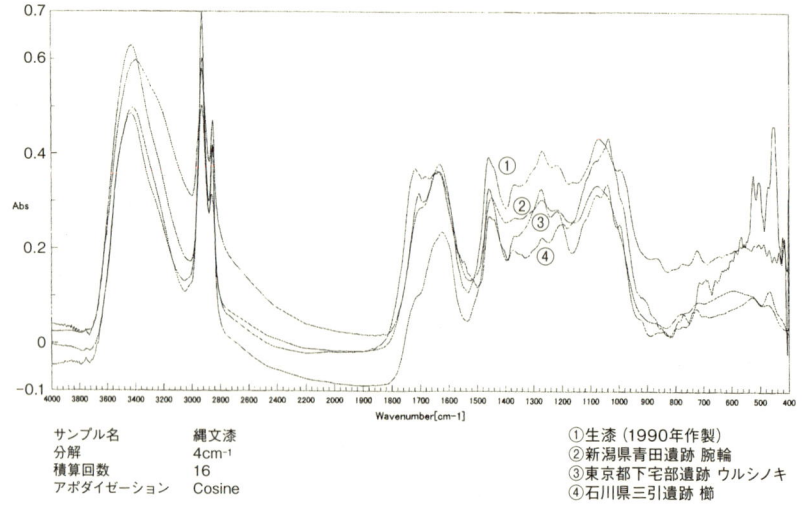

サンプル名	縄文漆
分解	4cm⁻¹
積算回数	16
アポダイゼーション	Cosine

①生漆（1990年作製）
②新潟県青田遺跡 腕輪
③東京都下宅部遺跡 ウルシノキ
④石川県三引遺跡 櫛

図63　縄文時代漆塗膜の赤外線吸収スペクトル分析曲線（四柳 2006b）

このようにして得られたスペクトルを、予め用意した生漆の基準スペクトルと比較して資料を同定する（図63、四柳 2006b）。なお、近年は熱分解・ガスクロマトグラフィ／質量分析法により漆に添加された油脂の判別も試みられている（宮腰 1999）。

5．漆の精製と貯蔵

　現在では採取された荒味漆は、カキタルから樽へ移して少しずつ貯蔵される。縄文時代でも採取した荒味漆は、まず集落内で一時貯め置きされたと考えられる。永嶋によれば荒味漆は、埼玉県桶川市後谷遺跡の後期後葉の深鉢底部に見られるように「内部に付着残存する漆は大変厚手で、表面全面は褶曲状の皺によって埋め尽くされ、表面はガラス質的に緻密で固く、一方内部は多孔質的性

状を呈するなど成分の分離がはなはだしい」という特徴をもつという（永嶋 2007）。小型の鉢・深鉢などに厚く漆が入ったまま、表面が凸凹になって固着し、それに草などの挾雑物が見られる例などが荒味漆に相当しよう。また、四柳も、荒味漆は「縮み皺が茶褐色に変質し、油分（ウルシオール）の中に大小不揃いの水分（ゴム質）が分散する」特徴をもつという（四柳 2006a）。ちなみにこのような資料に、木屎が入っていたり、顔料が混ぜられた赤・黒漆が貯蔵された状態で発見された例はない。

次にこの「荒味漆」を漉す。混じっている、ウルシ樹の屑、砂・土、あるいは使用前に固まってしまった漆膜の小片などのゴミ・不純物を取り除いて、編布で漉して生漆にする必要がある。なお、漆漉しは、荒味漆からゴミなどを除去して生漆を作る段階と、生漆に顔料を混ぜてから不純物を除去する段階に用いられたらしい（図64、表2）。

漉した生漆は、次にナヤシ——生漆を容器に擦り付けるように攪拌することによって粒子を細かく均質に——することで、非常に薄くかつ均質性をもった、刷毛目を残さない艶・光沢のある優秀な漆膜を作る、質の高い漆が得られる。現在は精製機で3時間前後攪拌している。次にナヤシと同様に攪拌しながら、生漆中に含まれている水分（20〜30％）を、加熱によって2〜3％に除去するクロメ（黒目）を行う。こうしてできた漆を「素黒目漆（クロメ漆）」という。かつては木箆で攪拌していた。縄文時代でも同様なものが用いられていたであろう。現在は電熱やガスで40℃前後に温めているが、かつては炭火か天日で行った。太陽熱による手グロメは、夏季の野外で4〜5時間かかった（四柳 2006a）。漆は採取後、数日かけて発酵させて安定してから精製するが、夏を越すと腐って乾きが落ち、飴色のクロメ漆にして顔料を混ぜておくと日持ちするという（岡田・斎藤 2007）。縄文時代も漆掻きから顔料を混和して精製漆を製造するまでを夏場に行い、塗りも開始したと考えられる。

ナヤシ・クロメ用には、口が広く一定量が入り、熱を加えやすい容器が選ば

図64 漆漉し布集成 (ほぼ原寸大)
1・2. 是川遺跡長田沢地区　3・4. 荒屋敷遺跡　5・6. 亀ヶ岡遺跡　7. 石神貝塚遺跡
(右頁) 8・9. 米泉遺跡　10. 野地遺跡　11. 中山遺跡　12. 山王囲遺跡

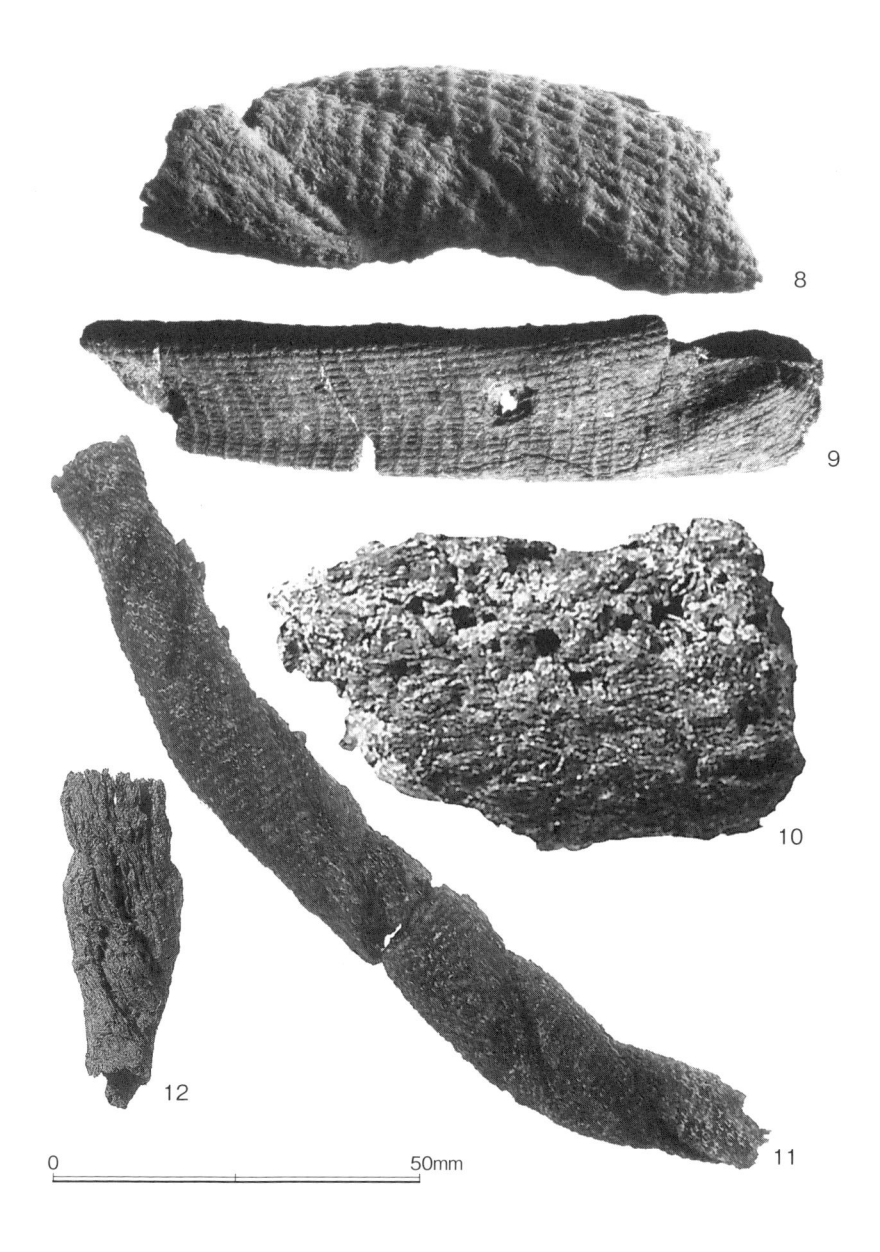

第3章 ウルシの栽培と漆の製作・利用 105

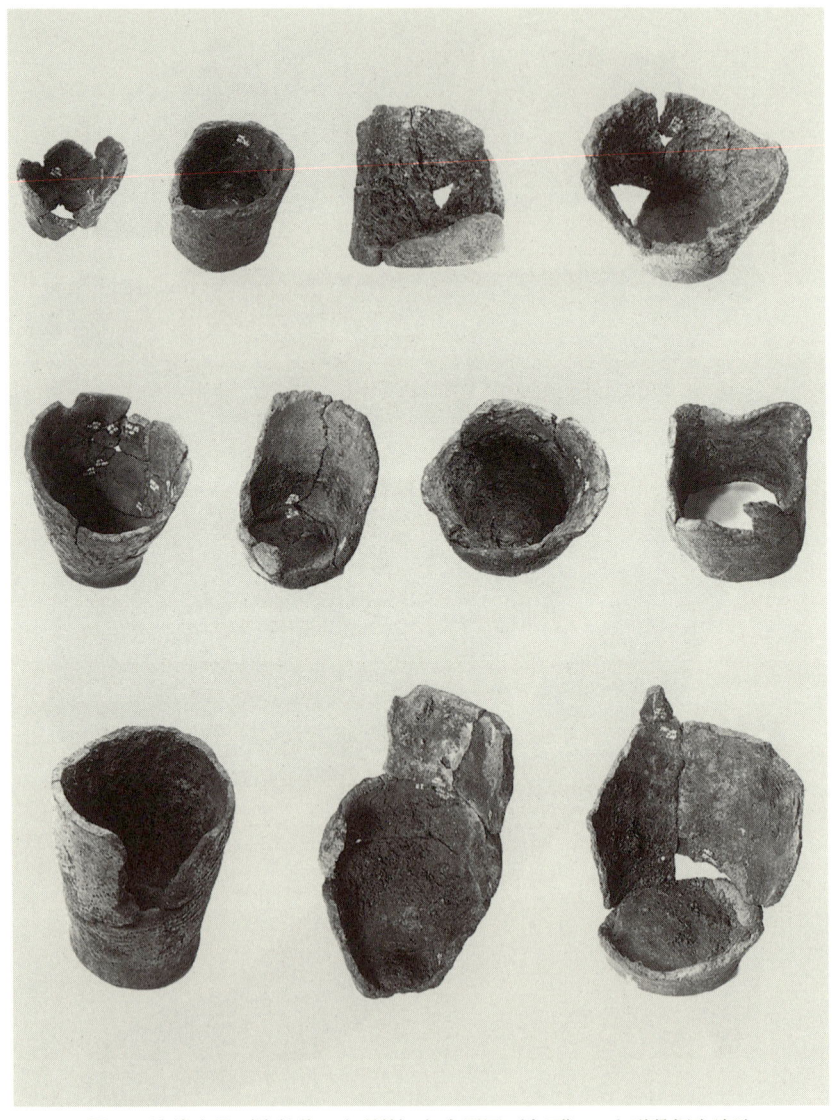

図65　漆液容器（漆付着の小型鉢）と実測図（右頁）　山形県押出遺跡

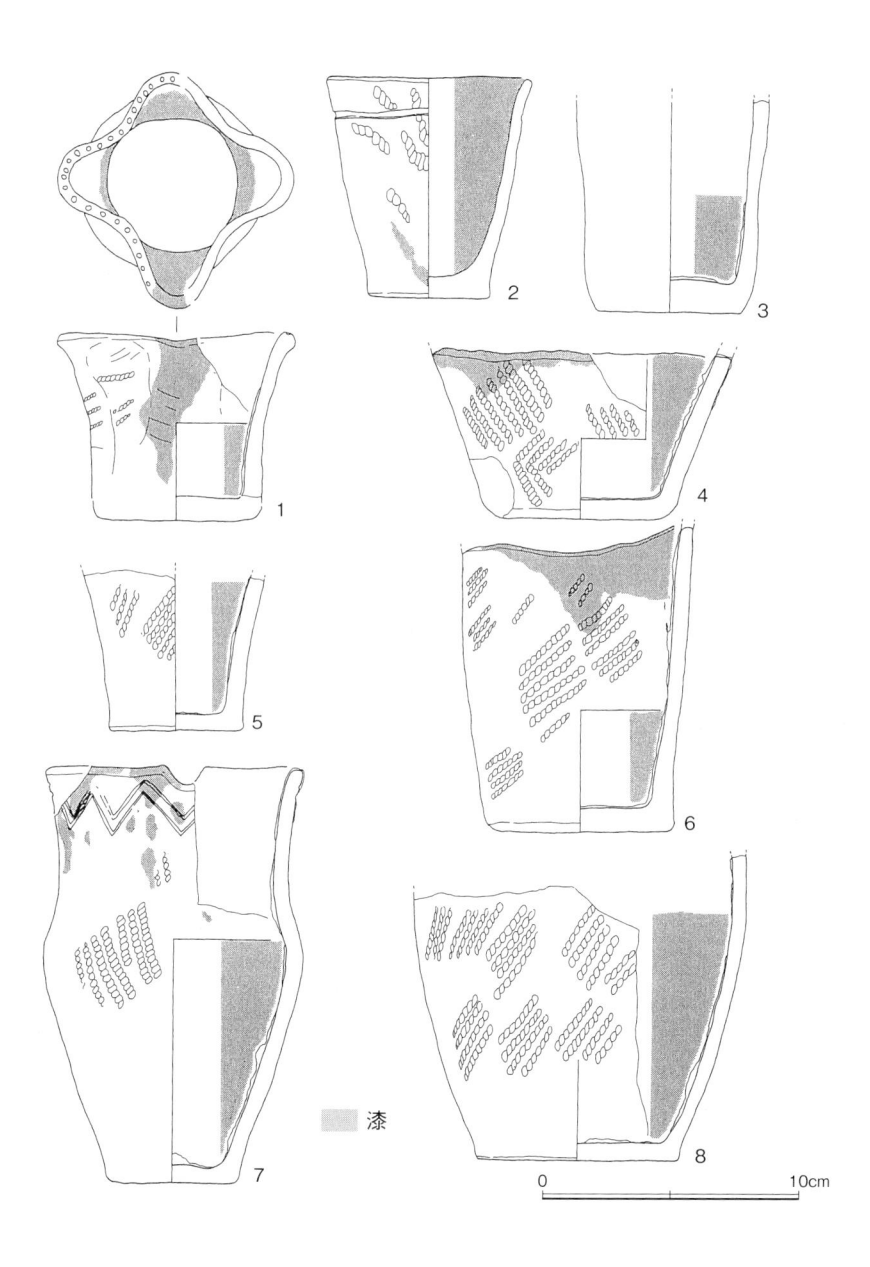

第 3 章　ウルシの栽培と漆の製作・利用　107

漆
0　　　　　10cm

表2　各地出土の縄文時代漆漉し布（尾関 2002ab に一部追加）

番号	県名	市町村名	遺跡名	時期	編布の密度			ヨコ糸の撚りの方向	タテ糸の絡みの方向	材質
					タテ糸間隔(mm)	タテ糸本数(本/cm)	ヨコ糸(本/cm)			
1	青森	木造町	亀ヶ岡	晩期	10		6	もろ撚り(右)	左	
					10		6	もろ撚り(左)	左	
					不明					
2	青森	八戸市	是川	晩期	?	5	10	もろ撚り(左)	左	
					12〜18		4		左	
3	宮城	栗原市(旧一迫町)	山王囲	晩期中葉	7〜10		8	もろ撚り(左)	左	
4	秋田	五城目町	中山	晩期前半		7	10	もろ撚り(左)	左	カラムシ
5	福島	三島町	荒屋敷	晩期	5〜6		6〜7	もろ撚り(左)	左	
					5		7	もろ撚り(左)	左	
6	埼玉	川口市	石神	晩期前葉	不明				左	
7	新潟	胎内市	野地	晩期前葉	8〜11		6〜7	もろ撚り(左)	不明	
					不明					
8	石川	金沢市	米泉	晩期中葉	2.5〜3.6		6.8〜8.4	片撚り(左)	左	アカソ
					2.5〜3.3		10〜12	もろ撚り(左)	左	アカソ

れたようだ。口径10cmほどの小型の鉢・深鉢土器、あるいは鉢・深鉢形土器の底部を再利用（周辺を打ち欠くなど加工が明らかな場合もある）して浅い鉢形にしたものが多く、口頸部を打ち欠いた壺や注口土器などもある。これらの内面には、全面にほぼ均質な漆の付着が見られる。付着した漆は、薄い塗膜状あるいは細かな縮み皺を示しており、全体としてはゆっくりとした容器の回転による攪拌を受けて流動していたような性状を示すものもある。

　土器の内部全面に漆が残り、外面に垂れたり（漆液垂れ）、打ち欠いて作った注ぎ口に漆が付着したり、しばしば漆入り土器に加熱による赤化が認められる場合もある。赤または黒色が残るものもあり、漆を掻き出したヘラ痕跡が認められる場合もある。

島根県松江市の夫手遺跡の前期初頭、約6800年（暦年較正）前の漆液容器は、今のところ日本最古の「くろめ漆」の容器である。口径・高さとも9cm前後の小型鉢形土器で、内面全体にベンガラも混じる漆が付着している（図31、松江市教育委員会・（財）松江市教育文化振興財事業団 2000）。また前期半ばの山形県高畠町押出遺跡でも口径10cm前後の小型深鉢あるいは、小型鉢形土器の底部を利用した漆液容器が11点以上発見されている。片口が付いているものが2点あり、片口からの液垂れ、打ち欠いた口縁部からの表面への液垂れが認められる。同形で、ほぼ似た容量のこれら小型土器を用いて、ナヤシ・クロメを行い、パレット容器に移していたと考えられる（図65、山形県教育委員会 1990）。以後東日本の各地でナヤシ・クロメ段階の容器がしばしば発見されている（図26）。なお、後期になると秋田県北秋田市漆下遺跡のように漆が詰まっていた小型壺や片口土器が発見され、最終的には新潟県胎内市野地遺跡例のように頸部を割って漆を掻き出したのであろう（図66）。これらの例は精製漆を貯蔵していたことを雄弁に物語っている。
　このような貯蔵用の小型土器は後期以降に目立って発見される。無文で器壁が厚く、頸が小さい。これらは晩期から少なくとも西日本の弥生時代後期まで、漆貯蔵用に使われていたようだ。

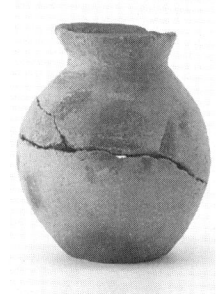

図66　割られた漆液容器（小型壺）　新潟県野地遺跡

以上のような漆液容器の存在は、集落付近の栽培・管理されたウルシ林で採取された漆液を集落内に運び込んで精製した漆を作っていたことをも示す貴重な考古学資料である。なお、中国大陸での漆技術には、永嶋の観察によればクロメ漆へのこだわりはさほど感じないという（永嶋 1996）。
　黒目漆を貯蔵する場合には、漆は空気を遮断しないと刻々と硬化するので、口の小さな容量の多くない小型の壺・注口土器などを使用し、さらに後の蓋紙のような蓋が必要である。最終的には貯蔵していた小型土器を割って中の漆を掻き出すが、それまで蓋が必要である。
　北海道小樽市忍路土場遺跡では、笹の葉脈状の漆圧痕が口唇部に見られる漆液容器が出土しており、笹で蓋をされていたと考えられている（(財) 北海道埋蔵文化財センター 1989）。また千葉県銚子市粟島台遺跡の中期の漆液容器には、口縁部下に小孔が並ぶ小型壺が用いられているが、小孔には蔓状のものが刺さって発見された。また山形県米沢市台の上遺跡でも中期の深鉢形土器の下半部が漆液容器に用いられ、その口縁下には蓋を固定したと見られる糸の漆痕跡が横方向に並列していた（米沢市教育委員会 2006）。いずれも漆液容器に皮や編布など柔らかく薄い腐ってしまう素材で蓋をした痕跡であろう。
　なお、古代の都城、国府などに運ばれた漆は、小さな口の長頸壺や平瓶などを用い、口に藁や木栓などで栓をし、短頸壺や細頸壺には木蓋がされていた。縄文でも貯蔵用壺には栓の存在が予想され、いずれ漆が付着した栓が発見されるであろう。なお、古代の長頸壺や平瓶などに相当する運搬具と考えられるだけの容量をもった容器など、集落外への漆の搬出、搬入を思わせる縄文時代の容器は発見されていない（玉田 1995）。
　漆液が滲み付いたために今日まで保存された縄文時代の漉し布が、現在、すべて晩期に属する8遺跡で、14点が発見されている（図64、表2）。漉し布には、野生のアサ類であるカラムシ・アカソの繊維に撚りを掛けた糸を、編んだ布（編布）を用いている。横糸の間隔が狭く、1cm角の範囲に縦糸が10本ほど

第3章　ウルシの栽培と漆の製作・利用　111

入るような緻密な織りの一群と、横糸間隔が1cm以上もあり、1cm角の範囲に縦糸が6本前後入るような、素材も太く縦糸の間隔も粗い緩く編まれた布とがある。漉し布から滲み出した漆には、野地遺跡・荒屋敷遺跡などのように赤色顔料が混じっていることもあり、顔料を混和した後に不純物を取って粒を精選する段階の漉し布もあったことを示す。また、中山遺跡の漉し布は、長さ13cm、是川中居遺跡長田沢地区のものも長さ10.4cmもあって、相当量の漆を漉した緻密な編布であった（表2）。

　なお、編布は前期の鳥浜貝塚・押出遺跡・三内丸山遺跡や後期の忍路土場遺跡・朱円遺跡からも発見されたが、漆は付着しておらず漉し布に用いられたものではない。また、編布圧痕のある土器も、中期から晩期まで知られている。ところが、なぜか漆が付着した漉し布は、晩期に限られている。その後、漆漉しに布は用い続けられ、平城宮や多賀城跡などの古代宮都や官衙、平泉遺跡群などにも見られる。そして、中世の草戸千軒町遺跡や近世の江戸遺跡の漆漉し紙や絵図に見られるように、中世からは和紙で漉されるようになる（図67）。

　一方、胎にした編組製品の隙間や、下地の凹凸を埋めるために、繊維屑、木

図67　漆絞り（漉し）川連漆器掲載の絵図

屎漆を用いる。生漆に、木粉、砥の粉、刻苧などを混ぜて木屎漆を作るが、中山遺跡の容器には「内面一面にやや光沢のある黒色の漆状塗膜が付着し、塗膜には繊維質の混和物が見られ、その元となったと思われるやや大きな木屑様の固まりも所々に付着している」（永嶋 1985）。縄文時代では後期になって下宅部遺跡や中山遺跡、戸平川遺跡などで植物繊維や木粉、草木の粉末を混和した木屎漆が、また寿能遺跡では土器の粉砕物を含む土を混和した木屎漆、荒屋敷遺跡で珪藻土を混和した例が知られる。

　さらに、中山遺跡では「漆膜には細かい亀裂、断文が多く、内反りし」、また「漆膜の表面側は通常の漆色であるいわゆるアメ色を呈するが、下方に行くにしたがって濃色となり、最下部（器胎表面に接する部分）では濃黒褐色となり、下方よりの加熱を示し、弱く加熱しながら植物小片を混ぜて木屎漆を調整した」状況が良く残っていたという（図68、永嶋 1985）。

6．顔料の添加

添加する顔料

　赤色顔料としては、ベンガラと水銀朱がある。ベンガラは、さらにパイプ状ベンガラが含まれる土壌由来のものと、チャートや赤鉄鉱など鉱物系の原料とがある。これらを混ぜた赤色漆を省略して赤塗と呼び、赤の種類を分けてベンガラ漆、朱漆と呼ぶこともある。また黒色漆については、生漆・クロメ漆が黒く発色したものと、炭粉と考えられている炭素を含むものがある。なお、古く亀ヶ岡遺跡の晩期籃胎漆器を分析した松平順は、アスファルトのようなものの利用を考え、同遺跡の報告書編者であった清水順三は下地がアスファルトだったと報告している（三田史学会 1959）。また渡辺誠は、晩期で砂鉄を出土した遺跡や表面全体に編布圧痕がみられる砂鉄を混じえるアスファルト塊を取り上

図68 内面に付着した木屑漆（上、拡大）とクロメ漆と木屑漆の調整をおこなったとみられる漆がはいった土器　秋田県中山遺跡

げ、現代の黒漆が、顔料として鉄粉を混ぜている事実や『日本漆工の研究』（沢田 1966）に「黒漆顔料としてアスファルトを混ぜる場合もあると記されている」として縄文時代の黒漆に砂鉄が顔料として用いられていたと考えた（渡辺 2003）。しかし、四柳嘉章は、近代では松脂にアスファルトを樟脳油またはテレピン油に溶解したものと石膏と混合したものはあるが、最近の「科学的調査では、いまだ明確なアスファルトの下地は確認されていない」と否定的である（四柳 2006a）。

アスファルトの精製と利用

　ここでは将来の可能性も含めて漆工にアスファルトが利用されたことを想定して、アスファルトに関する最近の知見をまとめておきたい。新潟県から北海道日本海側の油田地帯に、アスファルトは滲出し、縄文時代に利用されていた。産地は、秋田県潟上市（旧昭和町）の豊川槻木、秋田県能代市（旧二ツ井町）の駒形、新潟市新津（旧新津市）の蒲ヶ沢大入が知られている。

　縄文時代前期の始めには青森県でアスファルトの利用が確認されるが、本場の秋田県では前期の後半からわずかに認められ、岩手県では中期初めから、宮城・山形県では中期末になると接着剤・膠着材などとして一般的に用いられるようになり、後晩期になると原産地を遠く離れて北は北海道中央部から東北地方南部・信越地方まで各地に供給された。アスファルトの塊には、皮の皺や貝殻痕、笹や葉の圧痕や編布の圧痕が認められたり、小型の深鉢や椀などに入って発見されている。これらに入れられたり、包まれて運ばれたようだ。

　近年、秋田県の駒形アスファルト原産地に1.6kmの近さに所在する烏野上岱遺跡で、中期後葉（大木10式期）の竪穴建物でアスファルトの精製を行っていた跡が発見された（秋田県埋蔵文化財センター 2006）。複式炉の中と周辺の床からは、底部から胴部内面にアスファルトが詰まったりベッタリと付着した土器が、4個体発見された（図69）。底部近くには、細かな礫と砂が混じり、上

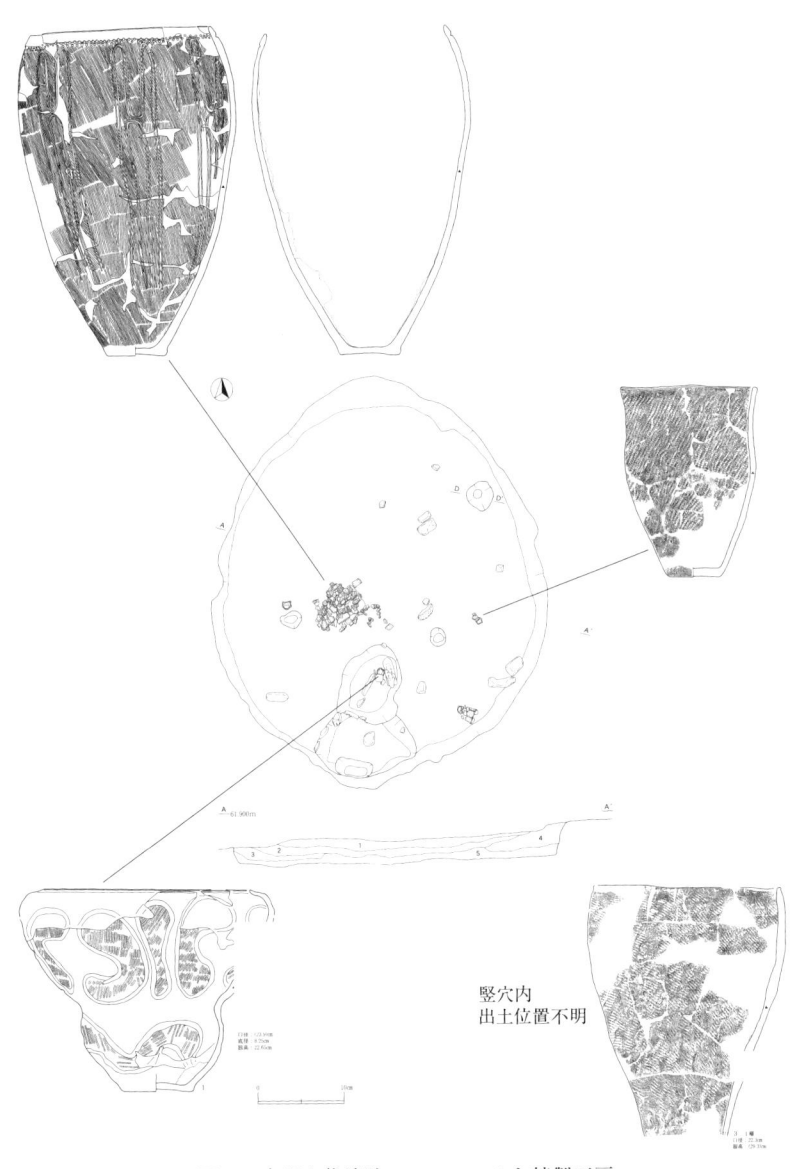

第3章 ウルシの栽培と漆の製作・利用 115

竪穴内
出土位置不明

図69 烏野上岱遺跡のアスファルト精製工房

部は砂の混じりが少なくなる。その砂利は、原産地の崖面で観察されるアスファルトが滲み出る砂礫層の様相と酷似している。アスファルト原料を土器に入れて炉の火で熱し、溶かして砂利などの不純物を沈殿させて上澄みを取り出す、初期的な鉱業に近い技術を用いていたことが明らかになった。また北海道函館市（旧南茅部町）の後期後半・磨光B遺跡では、直径約4.5mの円形掘立柱建物の中央に素掘り大型炉が設けられ、その内部の四隅上部の浅い窪みには、2か所にソフトボールほどのアスファルト塊が据えられていた。この窪みからアスファルトが流れた痕跡が観察され、一方の塊は使用のため削り取られ、もう一つは加熱によって表面に気泡状の凸凹ができていた。アスファルトを溶かして器物などに塗って、補修するなどの作業を行った跡といわれている（南茅部町教育委員会 1996、阿部 2007）。秋田県仙北市（旧田沢湖町）の潟前遺跡でも、後期初頭の竪穴建物床面からアスファルトが詰まった埋設土器が発見され、周辺に焼け土があったことからアスファルト加工施設と考えられている。

　また岩手県一戸町の中期後葉・御所野遺跡でも、深鉢形土器の大型破片の外側を下にして内側にアスファルト塊を置いて、下から熱を掛けて溶かしたとみられるものが発見されている（図70、一戸町教育委員会 2006）。アスファルトの精製、運搬、利用の実態が明確になってきた。

水銀朱の精製と利用
　赤色顔料である朱・水銀朱は、天然には辰砂としてアプライト（半花崗岩）と石英片岩などに含まれて産出し、現代的にその産地は水銀鉱山として知られる。日本列島には、北海道の環大雪山鉱床群と中央山地以西鉱床群から東北北部、中央構造線に沿う大和鉱床群、同じく四国の阿波鉱床群、九州の西部鉱床群と南部鉱床群の7か所に分布する。中央構造線に沿った長野飯田盆地から東海・近畿・四国東部の地域には、辰砂原石や朱が付着した磨石・石皿などが発見される後期から晩期の生産遺跡が知られている。特に三重県松阪市の天白遺

第3章　ウルシの栽培と漆の製作・利用　117

アスファルト付着大型土器片（右下の実測図）

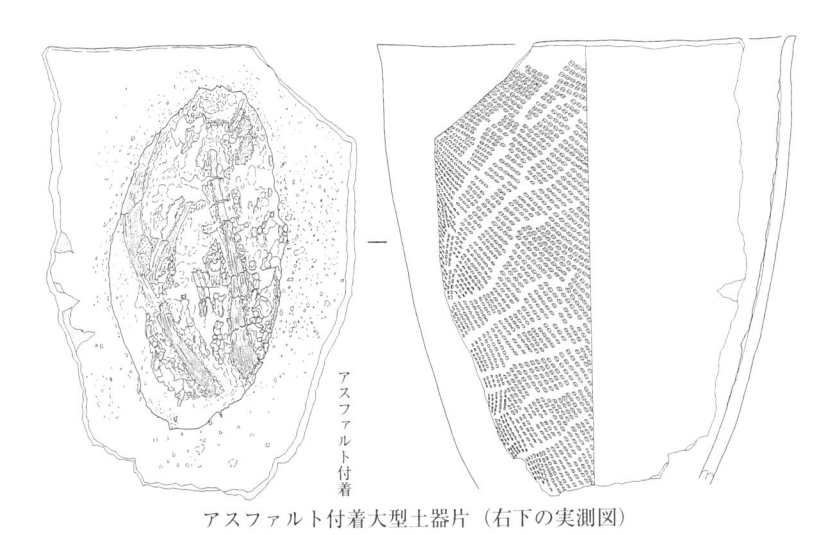

図70　アスファルト塊と下から加熱された塗布作業用パレット（大型土器片）　岩手県御所野遺跡

跡や度会町の森添遺跡が、多くの朱付着磨石などが発見された典型的な生産遺跡である。一方、北の北海道から東北北部では、後期後半になると櫛、木製容器、糸・編組製品、飾り弓などに水銀朱による赤漆の塗布が盛んになる。特に水銀朱はベンガラと比べて鮮やかな赤であり、表面の仕上げに用いられる傾向が読み取れる。今後、北海道から東北北部でも朱の生産遺跡が発見されるであろうが、後期後半の岩手県一関市（旧大東町）板倉遺跡では、竪穴建物の床に径65×55cmのほぼ円形の範囲に水銀朱が散らばって発見された。水銀朱に係る製造あるいは作業の場と考えられている。なお、この地域では晩期になると再び、土器を中心にベンガラを主体とする赤漆が用いられるように変化していく。

ベンガラの精製と利用

　ベンガラは、自然露頭などで採取できる頁岩やチャートなどの赤色鉱石と褐鉄鉱、沼地や湿地などに産する沼鉄などとも呼ばれるパイプ状粒子をもつ含水酸化鉄の二種類がある。パイプ状粒子は、鉄バクテリア起源あるいは植物繊維に付着した酸化鉄などといわれるパイプ状構造が顕微鏡レベルで検出される。鉱石起源のものは産地が限られていて、パイプ状粒子をもつ沼鉄の場合は不特定である。東北地方周辺には、新潟県新発田市の赤山鉱山、津軽半島先端の海峡に面した赤根沢、岩手県北上市和賀仙人から湯田町当楽の仙人鉱山で赤色鉱石が産出し、これらを中心として赤鉄鉱（ベンガラ原石）が出土した遺跡が、それぞれ中期から晩期に分布する。特にベンガラの消費量と連動して晩期の遺跡が多い。漆製品にも早期から用いられ、ベンガラは晩期に圧倒的多数となる。

　なお、北海道では旧石器時代後期半ばの千歳市柏台１遺跡や帯広市川西Ｃ遺跡などで、原石やその粉砕・磨り潰しなどに用いられた磨石や台石が発見されている（長沼 1998）。また新潟県三条市の五十嵐川流域の荒沢遺跡や中土遺跡などのナイフ形石器文化から細石器石器文化にかけてや、静岡県函南町上原遺跡のナイフ形石器文化期から原石が発見されるなど、旧石器時代後期から縄

第3章　ウルシの栽培と漆の製作・利用　119

文時代にかけても使用されてきたことが明らかになっている。ベンガラの利用は、漆文化以前に始まり漆文化と初めから融合していたことがわかる。

　青森県外ヶ浜町の晩期・宇鉄遺跡では、ベンガラ原石、ベンガラ付着の磨石や石皿、ベンガラ付着の深鉢形や鉢形などの粗製土器が、多数発見された。ベンガラは、土器の内面に付着し底部に沈着しただけでなく、吹きこぼれて口縁を越えて赤色の液体が外側に幾筋にもなって垂れている痕となっている。ベンガラ原石を砕き、磨り潰して、水に入れて屑や大粒の粒子などを沈殿させて（比重選鉱、水簸）、ベンガラを水に混ぜた濁水を煮沸して加熱によって赤化を進め、純度の高い微粒子のベンガラ粉末を作っていたことが明らかになった（図71）。なお、赤鉄鉱の破片や粗粉が入っていた水簸や煮沸による精製に用い

図71　ベンガラ精製に用いられた原石、粉砕用の台石・磨石、煮沸用深鉢形土器、貯蔵用小型土器　青森県宇鉄遺跡

られたと考えている土器は、是川遺跡、戸平川遺跡、玉清水（1）遺跡などでも発見されているという（児玉 2005）。ベンガラもアスファルトや塩と同様に、加熱・加工して精製する技術を獲得し、漆工をはじめとしたさまざまな技術と総合化されていた事実に驚かされる。また、ベンガラ入り土器もしばしば発見され、アスファルトや塩などと同様に手工業生産品として流通していた。

なお、漆に混ぜられた顔料や下地に混合された鉱物などの種類は、試料にX線を当てることによって生ずる元素特有の波長（エネルギー）を測定することで元素の種類を知り、さらに元素の量に応じて多くの蛍光X線が発生するので、その強度を測定して元素の量を測定する蛍光X線分析法によって明らかにされている。

7．塗布と彩文

漆器を製作するにあたっては、形を整えてゆがみのない、堅牢なものに仕上げるために、まず下地を施す。下地には、漆に炭粉粒子や鉱物粒子（地の粉）を混ぜた漆下地が、すでに前期前半の鳥浜貝塚から認められる。このような下地は、中期以降、各地で一斉に用いられるようになる（四柳 2006a）。

漆を塗布するにあたっては、小型の浅鉢形の容器に一定量を小分けにしたようだ。後期後葉の埼玉県桶川市後谷遺跡では、上縁が打ち欠かれて浅鉢形となった深鉢形土器の底部には、漆の「薄い皮膜が容器の全体に広がって、それらは打ち欠かれて作られた新たな口縁部を越えて外側に」液垂れしている。「これらは黒目られた状態の漆であり、本容器がパレット的性格のものであることを示している」という（永嶋 2007）。

一方、漆を貯蔵した土器から漆を一定量注ぎ出した痕跡が残る漆液容器が知られている。東京都東村山市下宅部遺跡では、容器に入れられた漆液が放置さ

れてできた漆液表面の皮膜痕跡が、2点の漆液容器の内面に水平2段となって残っていた。その間隔は約1.2と2㎝であり、それぞれの全容量と皮膜痕跡の段差によって差の量（1回の使用量）を計算すると、20〜40ccと推計される（図72－中）。また器壁や破断面に塗布用工具を整えたと思われる痕跡があるパレット用の漆液容器の容量が、約40ccであり、この程度の量が一定時間内に使用されたのであろう。また同遺跡では、わずか5〜6ccの漆を小分けした、口径8.5㎝で高さ5㎝前後の容積約55ccの土器底部が、発見されている（図72－下、千葉 2006）。また後谷遺跡でもほぼ同じ口径の土器底部に同様に小分けされた漆が付着して発見されている。精製した漆を貯えていた小型容器と小分けにしてパレット的に用いた容器とがあったのだろう。なお、古代では小型の土師器杯を漆塗りパレットにし、その中に漆蓋紙が貼り付いて残っている例がしばしば報告されている。江戸時代では、ハマグリ貝殻内面に漆付着が見られる、パレットにしたと考えられる多数の例が、職人町から発見されている（難波・服部 2004）。

　漆は粘りがあるので、ある程度コシがある（岡田・斎藤 2007）。ヘラ、刷毛など、塗るための道具が想定される。青森県八戸市是川中居遺跡の長田沢から出土した赤漆塗りの壺の内面には、下地の黒漆が塗られていたが、そこには塗った際の刷毛目痕跡が明瞭に残されていた。11〜16本単位の線状痕をもつ幅1.5㎝の工具痕が、9条切り合って残っていた（八戸遺跡調査会 2002）。なお、同遺跡の南の沢から発見された長さ7㎝、幅19㎝の、厚さ7㎜に薄く剥げた弓の破片があり、その端部が摩滅して漆が付着しており、報告者は漆塗りのヘラとして再利用した可能性を指摘している（図73、八戸市教育委員会 2002）。また、青田遺跡では幅2.5㎝の刷毛目痕がみられるなど、多数の例が知られるようになった。薄板状の短冊やヘラ形のヘラで漆を混ぜたり、粗塗りするのに使用していたと想定できよう。

　また、晩期の宮城県栗原市山王囲遺跡では、10本ほどの紐を束にして頭部

図72 漆液容器　荒味漆を入れた容器と夾雑物の拡大（上）、クロメ漆を入れた容器（使用量を示す、中）、少量の漆をとり分けた容器（下）　東京都下宅部遺跡

第3章　ウルシの栽培と漆の製作・利用　123

漆付着

1

2

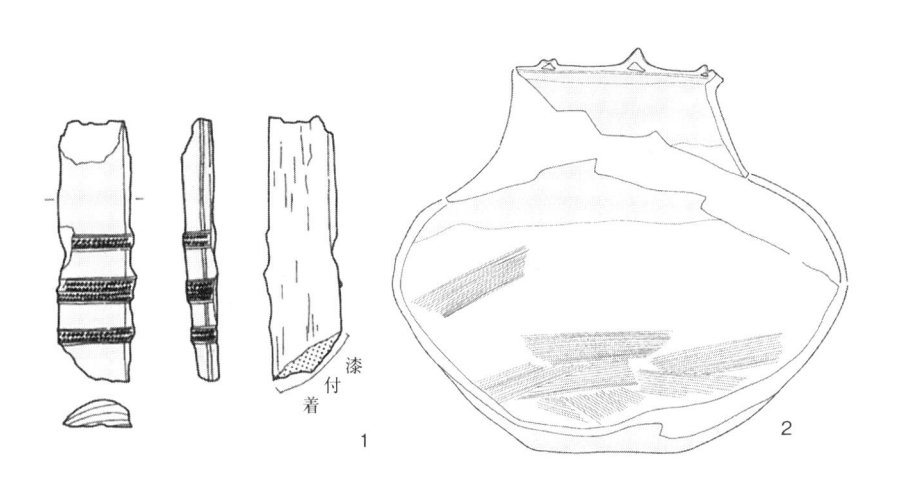

3

図73　弓破片を転用したヘラ（1）と壺内面のハケ痕（2．実測図　3．写真）　青森県是川中居遺跡

（結束部、太さ6㎜）を無造作に縛った残存長が5㎝、幅2㎝ほどの縦長の手箒のような櫛と報告されているものがある。歯は長さ5㎝以上で断面はつぶれた薄い楕円形の太さや形が不揃い（横に並ばず出入りがある）なもので、歯は横架材に並べて縛ったりはしていない。全体は漆を塗るというよりは、漆液に浸したようになり（ドブ漬け状態）、歯に当る部分にも漆は掛かり、歯の間にも漆は詰まっている。栗原市教育委員会の御好意によって実見したことろ、同様なものが、少なくとも8点出土している（図74）。

　同じく押出遺跡でも櫛と報告されているが、武田昭子が行った軟X線撮影による分析や原田昌幸の観察によると、2本の糸を撚った紐を束ね、紐（撚り糸）はそのまま延ばして歯とするが、そこにもべったりと漆が掛かり、頭部は混ぜ物をした漆で数回ドブ漬けにしたように塗り固めたものが2点発見されている。4～5㎝前後の幅をもち、歯に漆が掛かり、乱食いの歯並びで、櫛としては奇妙な構造と特色をもつ。いずれもハケの可能性はないだろうか。ちなみに秋田県の川連漆器の産地では、以前、下地塗りに藁を束ねた手製の刷毛のよ

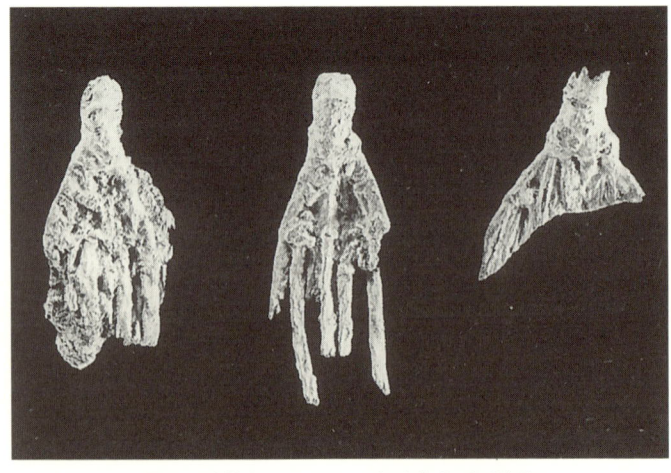

図74　漆塗りのハケ？　宮城県山王囲遺跡

うなものを使っていて、刷毛の祖先かと思ったと山岸寿治が述べている（山岸1996）。

　また押出遺跡などの漆彩文土器のように繊細な文様を描いたり、一定区画に漆を塗るなど、筆状の工具を考えざるを得ない状況がある。成瀬正和は、「土器は漆膜に明瞭にハケメが残り」、「漆膜中に毛のようなものが巻き込まれる箇所が観察でき」、「動物の毛を利用した刷毛状工具が漆の塗彩に用いられた可能性が高い」という（成瀬 1984）。いずれ、ハケ・筆状の工具が発見されるであろう。

　ところで押出遺跡のような前期半ばの漆彩文土器は、焼き付漆という技法を用いている。特に山梨県北杜市甲ッ原遺跡では、土器の表面にベンガラ漆を焼き付け塗装した後、クロメ漆で線描き文様を施している。ベンガラ漆層には、細かな断文が発生しているにもかかわらず、器表面への付着は強固である。焼き付漆は、漆を精製し塗布する過程で、高熱を加えてより固化させる技法であり、鉄製甲冑や南部鉄器などに塗布する場合に用いられてきた。炭火による加熱で表面が荒れない程度の温度以下、具体的には250度前後で容易に剥がれない接着強度（焼付け）を高めている。

　なお、漆の塗布の過程で象嵌が施される。青森県野辺地町向田（18）遺跡が日本での最も古い象嵌例である。漆やアスファルトなどを膠着材として象嵌されるが、漆を用いた象嵌としては、前期の鳥浜貝塚で漆塗り木製品に、後期の寿能遺跡で漆塗り木胎鉢に認められる。また晩期では、青森県外ヶ浜町（旧三厩村）宇鉄遺跡で科学分析の結果で漆の可能性が大きいと報告された物質を用いて白玉が接着・象嵌された土製品（土偶の一種）がある（葛西編 1996）。

　ところで、漆製品の下地から重ね塗りまでの工程を知ることは、漆工技術の基本を理解する上できわめて重要である。そのために、①試料を樹脂に包埋して、②試料を小型低速精密切断機で切って良好な漆塗膜層の断面を維持し、③研磨して薄片化し、④透過光によって偏光顕微鏡や金属顕微鏡で観察する漆塗

膜断面観察法がある。下地材料や塗りの特徴、塗装過程、顔料、仕上げ塗りなどのさまざまな特徴が把握できる。

　さらに、X線ジオグラフィー・X線CTスキャナー調査などのX線透過法によって、籃胎漆器、結歯式櫛、腕輪、編組製品などの胎、例えば樹皮や蔓、紐・糸・繊維、タケヒゴや木のヘギ、草などの編組製品などの構造や素材について調べることも重要である。

　なお、漆製品は墓から単独で発見されたり、年代が分かる土器との共伴関係が明瞭でなかったりで、その年代、古さが、なかなか判明しないことも多い。最近は、AMS法による炭素年代の測定が進み、漆膜片のような微量でも高精度で年代が測定でき、しかも暦年代に較正できるようになった。また漆はある年の夏を中心とした厳密な年代幅に収まり、耐久性の高い炭素の塊であり、より限定的で正確な年代をわれわれに教えてくれる。

8. 乾　燥

　現在は一定の温度・湿度が保てる風呂・室と呼ぶ乾燥室の中に漆を塗った製品を入れて、漆を乾燥させる。漆に含まれるラッカーゼという酵素が空気中の水分に反応してウルシオール重合が起こり、乾燥して光沢・耐久性をもつようになる。適当な温度は20～30℃、湿度は65～80％が必要で、1回塗った分は12時間ほどで乾燥する（岡田・斎藤 2007）。温度が50℃以上になると硬化しなくなり、さらに100℃以上に熱すると硬化する。なお、前述したように後者の性質を利用して金属などに塗布したものを「焼き付漆」という。

　1年中の外気の温湿度の変化は大きく、縄文時代で作業に必要な温湿度の条件をコンスタントに保てるのは、夏場の竪穴建物内部であろう。富山市北代遺跡で復元した土屋根竪穴建物での実験によれば、夏の晴天時では外気温25～

30℃、湿度70％になるが、竪穴内は気温25℃、湿度80％を維持する（古川・宮野 2004）。また岩手県一戸町の御所野遺跡の土屋根復元竪穴建物でも、夏に同様な温湿度が担保できるという実験結果が得られている（林 2007）。土屋根の竪穴建物が、夏場に風呂の役割を十分に果たしたと考えられるが、縄文時代では漆工工房跡の具体例は発見されていない。なお、栃木県の那珂川町上宿遺跡で8世紀中葉の工房跡の好例が報告されている。約4ｍ四方の小さな竪穴建物で北側にカマドが置かれ、南側に1ｍほど拡張された小区画から、漆蓋紙（漆紙文書）、土師器甕の漆液容器、漆が付着した麻布（漉し布）が発見されている（栃木県教育委員会 1994）。茨城県石岡市の8世紀末から10世紀の官営工房である鹿の子Ｃ遺跡にも、カマドをもち漆蓋紙・漆付着土器・漆塗膜が発見された漆工房跡と思われる2棟の竪穴建物がある（（財）茨城県教育財団 1983）。また、現在、日本を代表する漆生産地である岩手県二戸市（旧浄法寺町）では安比川右岸の丘陵上で16世紀末から17世紀前半の漆生産遺跡である飛鳥台地Ⅰ遺跡と五庵Ⅱ遺跡が発掘されている。飛鳥台地Ⅰ遺跡では、炉をもつ小型な竪穴建物群があり、竪穴内から漆漉し紙（濾殻）が発見されている。五庵Ⅱ遺跡でも同様な竪穴群から濾殻、砥石や漆をまぜるのに使われる手形が出土している（四柳 2006a）。この地域でもすでに居住用には使われなくなった土屋根の竪穴建物に温度を保つための炉をしつらえて、漆精製工房としていたことがわかる。なお、竪穴が土屋根であったことは、炭化した屋根材とその上に乗っていた屋根土が焼けて発見されていることから明らかである。

　漆の塗布と乾燥の繰り返しは、埃や汚れを嫌う数か月に及ぶような長時間の慎重な作業を要し、専用の場所と塗り仕事に係る担当者が居たことが想定できよう。

9. 漆の塗り直し・補修

　後期になると、漆塗り直しがあったことが、かつての寿能遺跡の調査で明らかになている。木胎漆器で、当初の漆塗膜の上に透明漆を1層さらに赤色漆を2ないし3層、塗り重ねる傾向が顕著に認められるという。塗り直し層の下層は劣化しておらず、劣化原因による漆の再塗布ではなく、定期的な塗り替えであったと考えている。またこのような塗り直しは身近で漆工が行われていたことを示すと指摘している。なお、櫛や籃胎漆器・土器への塗り直しはほとんど認められないという（岡田文 2007）。

10. 漆製品の復元・製作実験

　出土した漆製品や工具類の観察・分析によって、漆製品の素材と製作方法や工程を復元し、実験的に複製品を製作して、その製作方法や過程を検証する試みが行われている。また、その複製は、展示や普及活動などへの利用が目的にされることも多い。このような遺物の復元製作は、実際に作ってみることによって想定した工法の妥当性が検証されると共に、新たな課題の設定にも役立つ。また、遺物は語ってくれない（製作や使用などの痕跡が残らない）事柄、例えば素材獲得に適した季節性や状況、製作に要する時間や労力についても、おおよその知見がえられる。なお、実験に当っては、遺物の観察・分析などから導かれた条件設定を明示して、その結果を詳細に記録することが肝要である。それによって実験は反復、検証されて客観性をもつ。

　青森県郷土館は、『漆の美　日本の漆文化と青森県』展に向けて、亀ヶ岡遺

跡と是川遺跡から出土した亀ヶ岡文化期の漆塗りの浅鉢形・壺形の土器、鉢形籃胎漆器、弓、「飾り太刀（赤漆塗り玉杖）」、耳飾り、腕輪、木胎の高杯、の11種17点を製作した。いずれも重要文化財・県重宝であるため、破壊が伴う分析はできないし、漆膜に覆われているため詳細は不明であった。そのためもあって、材質と編み方、工具類などについて不明な点が多いまま、復元を行ったと述べている。ただし、土器に塗る漆の密着性（塗った漆が最も良く土器表面に付着する条件）については、複製土器と同じ胎土を用いて焼成温度を変えて実験し、860℃が適切であるという結果を導いている。また木製のヘラ、ハケの使用、胎とした籃・カゴの表面に漆が乗り易くするためにトクサなどで磨くことの必要性や、漆漉し布の製作に10時間を要したことなどが明らかにされている（福田 1993）。

　八戸市教育委員会でも是川中居遺跡出土漆器の復元製作実験を行い、展示や教育普及での活用も図ろうとしている。まず、鈴木三男・能代修一らによる素材の樹種同定、永嶋正春による漆塗膜分析によって判明した重ね塗りの状況や顔料の成分分析による使用顔料の判定結果を踏まえて、より実体に即した製作実験が行われた（図75、大野亨 2007、大野亨・小久保 2006）。

　すべてトチノキを用いて、鉢・台付皿・皿・浅鉢を製作した。また、ケヤキの樹皮を、剥がれ易くなる6月中旬に、樹高約15m、径70cmの立ち木を選定して、幅70cmで長さ277cm、幅140cmで長さ234cmの2枚を約1時間かって縦に剥ぎ取った。縦に長く剥ぎ取ることによって、適当な大きさ・長さに裁断して使え、裏を返して表を使って曲げ物として綴り合わせると圧力に対する強度を保つことができる。このような樹皮の使い方は、名久井文明によって民俗例に見られる「裏見せ横使い」であるとの教示もえている。2週間乾燥させた後、底板の縁辺と本体側板下縁に連続した小孔を開けて、アサ類の繊維を用いて縫い合わせた。下地に塗られた黒漆の塗膜層からは炭粉が検出されたので、ここではホウノキの木炭を用いて、炭粉2に対して生漆10の割合で混ぜ、不織布で漉

1　文様わりつけ

2　炭粉漆づくり

3　炭粉漆塗り（木固め）

4　ベンガラ漆塗り

5　複製品完成

図75　木胎漆器製作工程

して使用した。赤漆については、生漆10に対してベンガラ4の割合で混ぜ、同じく不織布で漉して使用した。高さ40cm、径60cmで蓋の高さ7cmの大型曲げ物は、文様割り付と文様塗りに二人で約4時間を要した。皮を剥がされたケヤキは、生存できなくなること、節のない良質の皮を確保するためには枝払いなどの日常的な管理が必要であることなどが指摘されている。

なお、この復元製作を手がけた漆工芸家である八幡平市安代漆工技術研究センターの冨士原文隆は、縄文時代晩期には塗りの基本技術はほぼ完成しており、今日まであまり変化していないという感想を述べている（冨士原 2007）。

また秋田県埋蔵文化財センターでも、主に展示のために赤漆塗り糸玉の復元製作が行われた（杏澤・河田ほか 2007）。秋田県北秋田市漆下遺跡から出土した繊維を束ねたドーナツ状の漆塗り製品を復元した実験である。素材にはカラムシを用いた。糸を作って輪にして、その周囲にコイル状に糸を巻いて形を作り、ベンガラ漆をたっぷり指で滲み込ませたもの、糸に漆を滲み込ませてから1日経って固まったそれを芯にして糸をコイル状に巻いて形を作ったもの、木の棒に糸を巻きつけて赤漆を滲み込ませ、完全に乾燥する前にまた糸を巻くもの、繊維を芯にして糸を巻きつけた繊維だけのもの、の四つの場合分けをして製作したが、いずれも出来上がりは同様であった。なお、繊維・糸に漆を塗ると1日以内に固化し始め、2日目にはかなり固くなった。

主な漆製品の製作実験について紹介したが、さらに漆関係資料の観察・分析を進め、石器の使用などにより当時の条件に近づけた実験を繰り返し、より確かな工程復元ができれば良いと思う。

第4章　縄文漆文化の特色

1．縄文漆文化の成立

　漆は、天然アスファルトが膠着材や接着剤として東北日本に普及する以前に、それらの用途に大いに供されていたと思われる。石器など道具類の着柄には欠かせない資材であり、ウルシが自生していさえすれば旧石器時代にまでその利用がさかのぼる可能性がある。縄文時代以降、最近まで見られた漆による焼き物などの補修・修理など、漆は多様に利用されたと考えられるが、その実態解明も今後の課題である。接着・膠着剤などとしての初源的な漆利用が基礎にあって、漆製品の製作が始まったのであろう。

　今のところ世界最古、約9000年前の縄文時代早期半ばとみられる漆製品が北海道函館市の垣ノ島B遺跡から発見されている。埋葬されたおそらくシャーマンが身に付けていた赤漆の塗られた装束であった。続いて前期初頭まで2000年ほどの時間があいてしまうが、同じく北海道で首飾り・腰飾りと思われる赤漆塗りの繊維製品が、最近も墓などから次々に発見されている。まず定住が始まった日本列島の東北部に、豊かさと安定に基づいた祭り・祈りなどの精神文化の高まりに応じて漆文化が始まったのであろう。この漆塗り繊維製品の種類は、それ以後も漆文化の継続地域（琵琶湖東岸から北陸、関東から東北・北海道）に受け継がれ、今日にも和服の帯などに伝わる。

　安定した豊かな定住が漆文化の基盤であったから、必然的に北海道で漆文

が発生したのであろう。列島各地での定住開始がほかの地域で大きくさかのぼるとは考えられないので、漆文化の開始はこの時期を大きくはさかのぼらないだろう。

　換言すれば定住が成立していた列島のそのほかの地域、例えば前期初頭の漆液容器が見つかった島根県、同時期に漆塗り容器や櫛・腕輪などの装身具、飾り弓などが発見された鳥浜貝塚など北陸・東北日本海側でも、早期にさかのぼる漆文化が確認される可能性が高い。

2．漆文化とウルシのルーツ

　第2章で詳述したように、列島の東北部に初期の漆文化が偏り、ウルシが温帯の落葉広葉樹に適した性質の植物であり、人里近くで育成・管理されなければならないこと、初期の漆文化が周辺大陸より古く、独自の発達した技術や種類をもつので、列島の東北部で生まれた文化である可能性が考えられる。逆に、これまで漠然と考えてきた中国南方からウルシと漆文化が日本列島の南に伝播したとする説は、訂正せざるをえなくなった。ただし、ウルシは日本には自生しない、つまり海を渡ってしか列島に存在しえないという植物学の強い考えに従えば、日本の現生ウルシのDNAが列島内で均質であり、中国北方から朝鮮半島のそれと同じであることは、そもそも両地域に同じ型のDNAをもったウルシが生育していたか、それらの地域から運ばれて来たことになる。列島で最初の漆文化が始まった約9000年前よりさらに古い約1万年前（草創期）のウルシ（木材）が福井県鳥浜貝塚から発見されている事実は、例えばウルシの利用が接着剤としての漆液あるいは材として始まり、旧石器時代にさかのぼる可能性と自生する木があった可能性を示唆する。

3．漆製品の分類と種類

　機能と往時での分別・名称が明らかでない考古学資料については、形態や素材など即物的でより排他的・客観的にグルーピングができ、細分でき、特色が把握しやすい分類と細別が行われて命名され、特徴が記載される。これまで分類・細分・名称などについては、必ずしも整理されてこなかった。
　ここではまず漆が意図的に塗られた道具類（グループ）を漆製品と呼び、その胎を素材別に分類する。器種とは別体系の分類である。

木　　胎

　木材を胎とする。縄文時代では全て刳物である。形態（用途）によって、鉢、椀、浅鉢、皿、杓子、匙、槽がある。なお、木胎の壺・高杯は縄文時代では未確認である。ほかにヘヤピン、簪、耳飾り、玉類、腕輪などもある。細部形態には、取手付、片口、台付、高台付がある。

樹 皮 胎

　ケヤキなどの樹皮を胎にする。樹皮を横に使って曲げ、綴る曲物（蓋が付くものもある）、組み物、編んだ物がある。

果 皮 胎

　内部の種実を取り除いて果皮を胎とする。ヒョウタン、ヤシノミが知られ、器種としては椀があるが、杓子、匙も想定される。

編組胎

　繊維を編み、組むなどした編組製品、編布、織物などを胎とする。繊維に漆をかけたり、その繊維を撚ったり編んで作った漆製品。形態や用途によって額飾り、鉢巻状製品、首飾り、耳飾り、帯か腰飾り、腕飾り（上腕部に装着か）、腕輪などがある。

籃　胎

　竹を細く削ったヒゴ、木材を細く削いだ（このことを「へぐ」という）「ヘギ（削いだものをいう）」を編み組んだカゴ、ザルなどを胎とする。籃胎の容器（一般には籃胎漆器と呼んできた）と、ヒゴ・ヘギを組み紐で縛った骨格に木屎などを充填した結歯式の櫛がある。籃胎容器には椀、浅鉢、皿、壺がある。

皮革胎

　動物の皮革を胎とし、漆で塗り固めた漆皮。北海道カリンバ3遺跡から腕飾り、腕輪が発見され、装身具の中にも漆皮製品と思われるものがあり、箱が作られていた可能性がある。

陶　胎

　土器、土製品を胎とする。漆文様が描かれた漆彩文土器、漆が塗られた漆塗土器、漆が塗られた土偶（北海道著保内遺跡）や土製玦状耳飾り（東京都多摩ニュータウンNo.201遺跡）などがある。漆彩文土器・漆塗土器は、それぞれ壺、浅鉢、有孔鍔付土器などの器種に分かれる。

その他

　石器・石製品を胎とするものがある。秋田県上ノ山Ⅱ遺跡（前期）のカツオブシ形石器、岩手県上杉沢遺跡（晩期）の石刀（図76）、岩手県蒔前遺跡（晩

第4章 縄文漆文化の特色 137

図76 赤漆塗石刀 岩手県上杉沢遺跡

期)や滋賀県滋賀里遺跡(晩期)の石製装飾品などには漆が塗られている。また、骨角、貝殻を胎とするものがある。青森県亀ケ岡遺跡(晩期)の鹿角製の腰飾り、あるいは淡水産大型二枚貝の殻に赤漆を塗った貝皿などが知られている。

技法的分類

技術的には象嵌、漆絵などの加飾や各種の下地などの特色、属性が記述される。またベンガラあるいは水銀朱を混ぜた赤漆塗りや炭粉などの黒漆塗りの区別もある。本来「赤漆」は木地を蘇芳（すおう）で染め透漆をかけた「赤漆」を示し、混同を避けるために「赤色漆」、そして黒漆も対にして「黒色漆」を用いるべきであるという意見がある。ここでは単純に赤色と黒色に見える漆を赤漆、黒漆

と総称し、分析によって顔料が判明した場合はベンガラ漆、水銀朱漆などと記すこととした。

4．縄文漆製品の役割

　飾った容器や弓、祭りの装束と装身具の3種には、主に赤漆が塗られ、縄文時代を通して祭祀・祭事・ハレでの役割を担った。供献具、葬送儀式具や副葬品、祭祀具、装身具、示威具に色を着け、輝かせ、目立たせてハレ（晴）をケ（褻）と区別し、カミに捧げ、祭りを演出したと思われる。赤漆の塗られた長径50～60cmにも及ぶ大型の盛皿（大杯）は、漆器が使われ始めた当初から、東日本全体に共通して用いられており、集落全体の祭りに供された器だったのだろう。また、土器では土器でしか胎を成形できなかった壺は、晩期になると籃胎漆器でも作れるようになり、浅鉢・皿も籃胎で作って土器と共に漆文様が描かれるものもでてきた。なお、櫛、赤漆塗り木刀や飾り弓などは、階層や男の権威・権力を示す示威具の役割を示す最初期の道具となり、弥生時代の後期には櫛、武具、武器など特権階級の政治的道具へとつながった。

5．変遷と地域性のまとめ

　第1章で述べたように、漆を塗った繊維製品の使用は、縄文時代早期半ばの約9000年前から北海道で始まり、続いて前期の同じ道内全域を中心として漆塗り繊維製品が発達していた。一方、前期になると北海道から琵琶湖以北の東日本で、木製の容器、弓、土器に漆を塗った製品の使用が始まった。特に漆塗り漆器の最初期には、少なくとも北は東北北部から東北日本海南部、南関東（羽

根尾貝塚)・北陸・琵琶湖東岸まで広く、赤く塗られた低い台と一対の突起をもつことの多い大杯(皿)が分布した。また、関東甲信越を中心として北の山形県押出遺跡や西の福井県鳥浜遺跡などには、細線の漆文様をもつ胴部がつぶれた球形の台付き浅鉢形「漆彩文土器」が特徴的に分布する。これらは黒漆地に赤漆を塗ったハレの容器で、集団祭祀に用いられたと考えられる。

編組製品を胎にした石川県三引遺跡の櫛や赤漆を塗った繊維製品が当初からあり、漆の精製(ナヤシ・クロメ)、赤色顔料の混和、重ね塗りの技術、漆彩文土器に見られる焼き付漆の技法、象嵌の技法など、遅くとも約7000年前には漆文化の基礎が日本列島の各地にほぼできあがっていた。北海道から東北北部では、この当初から墓に漆繊維製品をまとって装身具を着けた多分、特別な人が埋葬され、後期には漆塗りの飾り弓、矢、石斧などが副葬された。なお、地域や時期による漆製品のセットや形・装飾・技法による違いは、今後の研究課題である。いずれにせよ、まだ漆製品の種類も少なく、発見例もわずかであるが、これらの地域では安定した定住が確立したことによって、漆文化が発達したといえよう。

中期になると北海道・東北地方でも他の地方と同様に、最も定住が安定して大規模な集落が多くなる。丘陵上の遺跡から漆液容器が発見される例が散見され、彩文も含めた漆塗り土器がまとまって発見される集落はあるものの、漆製品が目立って出土する遺跡はほとんどない。漆文化は相当低調になったようだ。ただし、居住地が高所に変化し、低湿地における営みが低調になった結果、漆製品が発見されにくいのかもしれない。

しかし、後期になると漆塗りの鉢や浅鉢などの容器が発達し、関東を中心として北信越・北陸・南東北まで片口、取手付などの容器と杓子が特徴的に見られる。また、耳飾り、腕輪、櫛などの装身具、飾り弓が発達する。後期中葉から盛行した結歯式の櫛は、棟部の形や透かしなどのデザイン、作り出しに地域と型式変遷が読みとれる(図77)。北海道では石狩低地を中心に多数の櫛、腕

	（近畿）北陸	関東・中部	東北	北海道

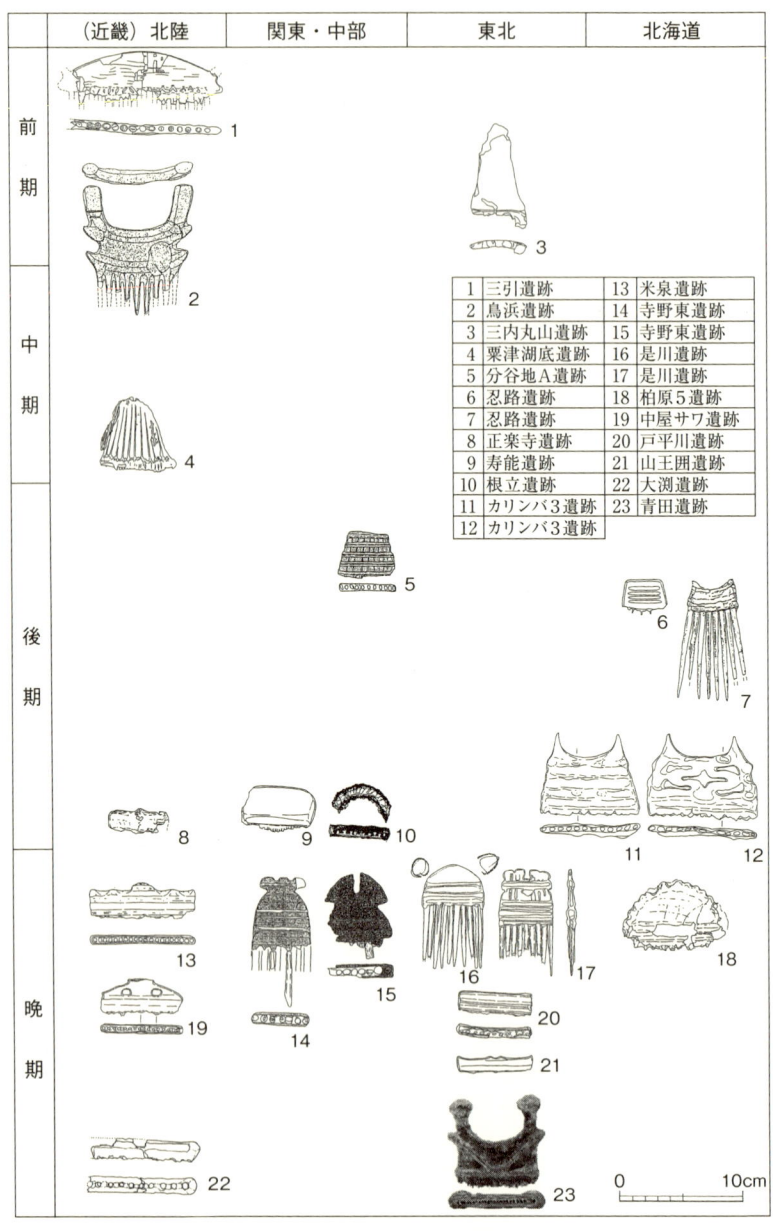

（図中凡例）

1	三引遺跡	13	米泉遺跡
2	鳥浜遺跡	14	寺野東遺跡
3	三内丸山遺跡	15	寺野東遺跡
4	粟津湖底遺跡	16	是川遺跡
5	分谷地A遺跡	17	是川遺跡
6	忍路遺跡	18	柏原5遺跡
7	忍路遺跡	19	中屋サワ遺跡
8	正楽寺遺跡	20	戸平川遺跡
9	寿能遺跡	21	山王囲遺跡
10	根立遺跡	22	大渕遺跡
11	カリンバ3遺跡	23	青田遺跡
12	カリンバ3遺跡		

図77　漆塗り櫛の変遷

輪、耳飾りなどを装着したシャーマンと思われる埋葬例が顕著になり、それらの独特な様式と共に強い文化的な地域性を示している。また樹皮製の曲げ物などが作られ、漆が塗られ、漆による彩文が施された。北東北・北海道ではこの時期に朱漆が仕上げ塗りなどに用いられることが多くなり、炭素系の顔料を用いた黒漆とのコントラストなど、技術や美術的にも縄文漆文化の到達点を迎えた。そして、後期の後半になると東日本の漆文化は西日本に普及し、近畿・中四国一部山陰や北部九州に関東など東日本に類似する漆器文化が見られ、少なくとも近畿・北陸までは在地でも生産されていたことが確認できる。

やがて晩期になると、編組製品に漆を充填して重ね塗りして仕上げる籃胎漆器の登場によって、縄文漆製品の全種類・技術が出揃う。籃胎漆器には、すでに出揃っていた編み組みの技術を駆使し、タケヒゴや木のヘギが編まれ、鉢、壺、皿が作られた。鉢は木製品でも作られたが、特に壺は木では製作できなかったためか、通常は壺形土器をベンガラ漆で塗り上げ、皿や浅鉢も土器として時に漆を塗り、漆彩文を施した。なお、飾り弓が多くなり、権威の象徴だったのであろう。「玉杖（飾り太刀）」が登場するのも、後晩期の社会、祭祀的状況を示すと考えられる。

6. 縄文漆文化の継承

東日本の漆文化は、弥生時代になると集落の極端な減少と共に、ほかの芸術や祭祀的要素、アスファルト・塩、石材などの物資交流の衰退と歩調をあわせて、きわめて断片的にしか継承されていないようだ。逆に後期後半から西日本でも、縄文漆文化の大きな要素であった櫛・腕輪の装身具、飾り弓、杓子・匙が作られ用いられた（あるいは伝播、搬入された）。この漆文化は、弥生時代にも引き継がれ、中期になって半島から影響を受けて、黒漆を塗った弓・刀

鞘・木甲・楯・木甲・楯などの武具類が特色となり、櫛が型式変化し、黒漆を多く塗り漆彩文も目立つ木製高杯・器台・蓋、壺形土器などが一般化した。しかし、縄文時代以来、漆の技術的基盤は確実に継承され今日に至っている。

7. 漆文化の特徴と歴史的意義

自然と協調した縄文文化の典型と本質

　ウルシの生態的な特徴を熟知して栽培、育成、管理し、数年後に樹液を掻き取り、土木資材としても利用し、ひょっとすると実を採って蝋を作り、若芽も食べるなど、数年の先を見越して計画的、総合的に利用していた。集落内にウルシの花粉や種実が分布し、材が水場の木組みや水路の護岸・柵杭あるいは建物の柱などに多く用いられていることから見ても身近な樹木であり、クリ林や里山と同じように重要な生活基盤として集落内や周辺に設営・維持管理されていたと考えられる。縄文文化が自然と協調して生きていた技と思考の典型を示す事柄であり、広く北海道から九州の北部に広がっていた漆文化は、縄文文化の本質をうかがわせる代表的な一文化要素であったといえよう。

自然を活かした高度な各種技術の総合

　漆工に限ってみても編組製品・皮革製品・土器など各種の胎を準備し、設備に至るまで、自然に関する知識も含めて最高な各種技術の総合であり、縄文的技術の高さの典型を示している。

　漆液を採取して一定量を貯め、数日置いて発酵を安定させて熟成し、その後はナヤシ・クロメ、顔料の混和、漉す過程を経てより精製し、最高の仕上がりのための高度な技術を施す。一方で木地の準備・加工や縄文的技術の高さと典型を示しているアトリエ的施設や設備を整え、関連材料の調達などに至るまで、

十分な時間をかけて準備を重ねていたのであろう。漆液の採取から精製、塗布までは梅雨から真夏の季節を選び、一定の温湿度が維持できる施設内で、1回1日かかって塗り乾かす工程を数度重ねて仕上げた。製品の表面には現れない下地から丁寧に塗って下拵えし、時間をかけて数度も上塗りして最高の仕上がりを図った。

　なお、漆工に係わる各技術については、個別の自然科学的分析によって解明が進んでいる。各技術の類型化を進めて意味を探り、列島的な技術類型の広がりや時期・変遷を明らかにし、出土状況・形態・機能などの考古学的所見と共に総合的に考察する必要がある（四柳　2006a）。

漆工の専業化と分業化
　ウルシの季節性や生態など自然に関する知識を含めて、それぞれの技術は極致に到達していた。また各々の技術を調和させ、総合させてシステムを完成させた。そして一部道具の素材変化などが認められるものの、今日までその技術・文化は伝わってきた。漆工は高度な技術が必要であること、季節性をもつこと、さらには「かぶれ」というアレルギー反応を起こさない人でないと携われない作業であることから、専任者が居たことが想定される。また、各種漆液容器や漆漉し布などの漆工の実施を裏付ける道具類が多くの集落から発見され（現状の発見例は、それほど多くはないが、低湿地遺跡で保存状況が良い遺跡では高い頻度で発見され、乾燥した遺跡でも注意深く観察すれば発見の率は高まると予想される）、拠点的な集落では一般的に漆工が行われていたと考えたい。そして漆掻きから精製、塗り、木地作り、など三大別される手工業は、それぞれ多くの工程をもち、高度な技術を必要とする。日本では少なくとも中世以降、この3種の手工業は集落内に在地の職人が居て、分業化が図られていた。また、中国浙江省余姚県でも漆掻き職人と、什器・家具・建物などに漆を塗る職人が農耕の傍らで季節的に活躍していたそうである。具体的証拠をあげるの

は難しいが、干貝づくりや土器製塩、アスファルトやベンガラなどの顔料精製、石材の採掘や調整加工、貝輪などの装身具の製作などと同様に、すでに縄文時代にはある程度の専業化・分業化が行われていたことを示す典型例ともいえよう。

8．漆文化を支えた基盤

　贅沢な漆製品の背景に安定した定住と高度な手間暇掛けた技があったわけだが、経済的安定と余裕、社会の成熟による集落間の連携と物流網の整備、知識と技などによって、漆文化が支えられていたのであろう。日本文化の精神的・技術工芸的基層を示す大きな要素であり、日本文化の個性をも示す文化でもあった。

参考文献

青森県教育委員会 1974『亀ヶ岡遺跡発掘調査報告書 亀ヶ岡バイパス関係埋蔵文化財発掘調査』
青森県教育委員会 1993『野場5遺跡発掘調査報告書』
青森県教育委員会 1996『三内丸山遺跡Ⅵ』
青森県埋蔵文化財センター 2004『岩渡小谷4遺跡Ⅱ』
秋田県教育委員会 1999『池内遺跡 遺物・資料編』
秋田県埋蔵文化財センター 2006『烏野上岱遺跡』秋田県文化財調査報告書第406集
阿部千春 2006「北海道垣ノ島B遺跡」『季刊考古学』95、雄山閣
阿部千春 2007「天然アスファルトの利用と供給」『縄文時代の考古学6 もりづくり道具製作の技術と組織』同成社
荒川隆史 2006「新潟県における縄文時代の装身具」『平成18年度 環日本海交流史研究集会 縄文時代の装身具 発表要旨・資料集』
安 志敏 1985「長江下流域先史文化の日本列島への影響」『考古学雑誌』70-2、日本考古学協会。
石狩市教育委員会 2005『石狩紅葉山49号遺跡発掘調査報告書』
石川県教育委員会 2004『三引遺跡Ⅲ下層編』
石川県立埋蔵文化財センター 1989『金沢市米泉遺跡』
市川金丸 1993「縄文時代の漆工芸品の復元 3.木製品」『漆の美―日本の漆文化と青森県』青森県立郷土館
一戸町教育委員会 1990『岩手県北地方の漆蠟』一戸町文化財調査報告書第22集
一戸町教育委員会 2006『御所野遺跡Ⅲ』
一戸町教育委員会 2007『一戸町文化財調査報告書第60集 御所野遺跡環境整備事業報告書Ⅱ』
伊藤玄三 1974「縄文晩期藍胎漆器の文様」『法政大学文学部紀要』20
伊藤清三 1979『日本の漆』東京文庫出版
伊東信雄・須藤隆編著 1985『山王囲遺跡調査図録』宮城県一迫町教育委員会
(財) 茨城県教育財団 1983『常磐自動車道関係埋蔵文化財発掘調査報告書5 鹿の子C遺跡』
岩手県文化振興事業団埋蔵文化財センター 1977『板倉遺跡発掘調査報告書』

(財) 印旛郡市文化財センター 2006『千葉県佐倉市吉見稲荷山遺跡第7次・第8次』
内田律雄 1990「中国地方 縄文〜弥生時代の漆」『考古学ジャーナル』314、ニューサイエンス社
漆を科学する会 2004『漆植栽地—漆樹と採取方法 〜日本〜中国〜ベトナム〜ミャンマー〜韓国〜台湾〜』
上屋真一 2006「北海道の漆製品」『平成18年度 環日本海交流史研究集会 縄文時代の装身具 —漆製品、石製品を中心として— 発表要旨・資料集』
江坂輝弥 1987「縄文時代遺跡発見の木製遺物 の発見史と今後の研究への展望」『考古学ジャーナル』279、ニューサイエンス社
恵庭市教育委員会 2003『カリンバ3遺跡1』
(財) 大阪市文化財協会 1996『大阪市中央区森の宮遺跡Ⅱ』
大野淳也 2006「赤色漆塗糸を発見」『さくらまちNEWS』小矢部市教育委員会
大野 亨 2006「是川遺跡出土品の木製品復元製作」『2006是川縄文シンポジウム記録集』東奥日報社
大野 亨・小久保拓也 2006「是川中居遺跡出土の樹皮製容器について」『考古学ジャーナル』542、ニューサイエンス社
小笠原正明・阿部千春 2007「天然アスファルトの利用と供給」『縄文時代の考古学6 ものづくり 道具製作の技術と組織』同成社
岡田文男 2007「漆工技術」『縄文時代の考古学6 ものづくり—道具製作の技術と組織—』同成社
岡田康博・斎藤和彦 2007「対談 文化財を守り伝える〜漆の観点から」『縄文ファイル』140、NPO法人三内丸山縄文発信の会
岡村道雄 2001「縄文文化のなかの桜町遺跡」『桜町遺跡調査概報』学生社
岡村道雄 2007「縄文のウルシと漆文化のルーツを求めて」『ジャパンロード2006 アジアンシンポジウム』東奥日報社
岡村道雄 2009「三内丸山など北日本縄文遺跡の漆文化」『平成20年度 特別史跡 三内丸山遺跡報告会 発表要旨』青森県教育委員会
岡山大学埋蔵文化財調査研究センター 1989『岡山大学埋蔵文化財調査研究センター報』2
小川俊夫 1997「漆と漆器について」『民具マンスリー』30-8、神奈川大学日本常民文化研究所
奥 義次 2007「朱の生産と供給」『縄文時代の考古学6 もりづくり—道具製作の技術と組織—』同成社

参考文献

桶川市教育委員会 2005 『後谷遺跡　第4次発掘調査報告書』
尾関清子 2002a「是川中居遺跡の編布」『是川中居遺跡　長田沢地区』八戸遺跡調査会
尾関清子 2002b「縄文時代の編布」『月刊家庭科研究』家庭科教育研究者連盟編
葛西　勵編 1996『宇鉄遺跡発掘調査報告書第2分冊』三厩村教育委員会
柏崎市教育委員会 1985『刈羽大平・小丸山』柏崎市埋蔵文化財調査報告書5
（財）かながわ考古学財団 1995『青野原バイパス関連遺跡』
春日真実 1997「大武遺跡」『新潟県埋蔵文化財調査事業団年報』平成8年度、（財）新潟県埋蔵文化財調査事業団
金沢市・金沢市埋蔵文化財センター 2009『石川県金沢市中屋サワ遺跡―縄文時代編―下福増遺跡Ⅱ　横江荘遺跡Ⅱ』
金子裕之 1981「特殊な木漆器　―愛媛県船ヶ谷遺跡の場合―」『月刊文化財』218、第一法規出版
叶内敦子・神谷千穂 2004「ウルシ属花粉の識別について」『日本植生史学会　第19回大会　講演要旨集』日本植生史学会
川島町教育委員会 2004『埼玉県比企郡川島町　芝沼堤外遺跡』
河野広道 1955『斜里町史』斜里町
清岡廣子 2002「飛鳥地域の漆工と漆の流通―飛鳥京跡の漆容器から漆の運搬と貯蔵を考える―」『明日香村文化財調査研究紀要2』明日香村教育委員会
杏沢則雄・河田弘幸・柴田陽一郎 2007「漆塗り糸玉の復元」『秋田県埋蔵文化財センター研究紀要』21、秋田県埋蔵文化財センター
黒川村教育委員会 2002『分谷地A遺跡平成13年度概要報告書―縄文時代後期の漆器―』
黒川村教育委員会 2005『分谷地A遺跡Ⅲ　縄文時代後期の漆器』
（財）高知県埋蔵文化財センター 2003『居徳遺跡群Ⅳ』
児玉大成 2005「亀ヶ岡文化を中心としたベンガラ生産の復元」『日本考古学』20、日本考古学協会
小林　克 2005「縄文時代の特異な繊維製品」『季刊考古学』91、雄山閣
小林圭一 2007「押出遺跡出土の縄文時代前期の土器」『押出遺跡』山形県立うきたむ風土記の丘考古資料館
小林達雄 1996『縄文人の世界』朝日新聞社
小林達雄 2001「紐を手繰りて縄文世界―縄文時代における紐・糸・縄・綱―」『考古学の学際的研究―浜田青陵賞受賞者記念論文集Ⅰ―』岸和田市・岸和田市教育委員会
小林幸雄・北沢　実 2008「縄文文化前期の漆製品に関わる材質と技法」『日本文化財科

学会第25回大会研究発表要旨集』日本文化財科学会
埼玉県立博物館 1984『寿能泥炭層遺跡発掘調査報告書 —人工遺物・総括編—』埼玉県教育委員会
桜町遺跡発掘調査団編 2001『北陸の縄文遺跡 桜町遺跡 調査概報』学生社
佐々木高明 2000『多文化の時代を生きる』小学館
佐々木由香・能代修一 2004「遺跡出土木材と果実からみた縄文時代のウルシの利用」『日本植生史学会 第19回大会 講演要旨集』日本植生史学会
沢田吾一 1966『日本漆工の研究』美術出版社
山武考古学研究所 1998『布施上原遺跡』
塩沢町教育委員会 1994『大原遺跡第2次発掘調査報告書』
滋賀県教育委員会 1992『松原内湖遺跡発掘調査報告書Ⅱ—木製品—』
滋賀県教育委員会・(財)滋賀県文化財保護協会 1973『湖西線関係遺跡調査報告書』
滋賀県教育委員会 2007『入江内湖遺跡Ⅰ』
(財)滋賀県文化財保護協会 1997『粟津湖底遺跡第3貝塚(粟津湖底遺跡Ⅰ)』
標津町教育委員会 1992『伊茶仁チシネ第一竪穴群遺跡』
島根県教育委員会 2006『中野清水遺跡3 白枝本郷遺跡本編』一般国道9号バイパス建設予定地内埋蔵文化財発掘調査報告書7
下宅部遺跡調査団 2006『下宅部遺跡Ⅰ』東村山市遺跡調査会
鈴木公雄 1988『古代史復元2 縄文人の生活と文化』講談社
鈴木三男 2006「縄文時代の植物利用4 ウルシ2」『考古学ジャーナル』550、ニューサイエンス社
鈴木三男 2007「東アジアのウルシの植物学」『是川遺跡ジャパンロード[漆の道]報告書2004-2006』是川遺跡ジャパンロード調査実行委員会
鈴木三男・小川とみ・能代修一・福士明日香 2007「是川遺跡から出土した木製品と自然木の樹種」『是川遺跡ジャパンロード[漆の道]報告書2004-2006』是川遺跡ジャパンロード調査実行委員会
鈴木三男・米倉浩司・能代修一 2007「ウルシ Toxickdendron vernicifluum Stokes F. A. Barkl. ウルシ科の中国における分布と生育状況」『植生史研究』15-1、日本植生史学会
須藤 隆 1996「亀ヶ岡文化の発展と地域性」『日本文化研究所研究報告別巻』第33集
須藤 隆 1998『東北日本先史時代文化変化・社会変動の研究』纂修堂
『染色α』編集部 2007「漆の味を織物に生かす 漆糸の作り方」『染織α』No.311、染織と生活社

武田昭子 1996「押出遺跡出土漆製品について」『第3回特別展　縄文のタイムカプセル　押出遺跡』山形県立うきたむ風土記の丘考古資料館
田坂　仁 1995『春季企画展　日本の櫛　―別れの御櫛によせて―』斎宮歴史博物館
玉田芳英 1995「漆付着土器の研究」『奈良国立文化財研究所創立40周年記念論文集　文化財論叢Ⅱ』同朋舎出版
（財）千葉県埋蔵文化財センター 1992『東関東自動車道埋蔵文化財調査報告書Ⅶ佐原地区』
（財）千葉市文化財調査協会 2001『千葉市内野第1遺跡発掘調査報告書　第Ⅰ分冊』
千葉敏朗 2001「縄文時代の弓猟にともなう狩猟儀礼について」『東村山市史研究』10、東村山ふるさと歴史館
千葉敏朗 2006「下宅部遺跡出土資料からみた縄文時代の漆利用」『下宅部遺跡Ⅰ』東村山市遺跡調査会
銚子市教育委員会 2000『粟島台遺跡―銚子市粟島台遺跡1973・75年の発掘調査報告書―』
角田真也・神戸聖語 2000「高崎情報団地Ⅱ遺跡出土の彩色土器について」『考古学ジャーナル』454、ニューサイエンス社
東奥日報社 2005『是川縄文シンポジウム記録集〜縄文再発見―是川遺跡からみえる縄文工芸〜』
東奥日報社編 2007『是川遺跡ジャパンロード［漆の道］報告書 2004-2006』
戸田哲也 2006「神奈川県羽根尾貝塚」『季刊　考古学』95、雄山閣
戸田哲也・坪田弘子ほか 2003　『羽根尾貝塚』多摩川文化財研究所
栃木県教育委員会 1994「上宿遺跡」『栃木県埋蔵文化財保護行政年報平成四年度』
（財）鳥取県教育文化財団 1993『鳥取県西伯郡淀江町井出胯遺跡』
富山県教育委員会 1986『都市計画街路七美・太閤山・高岡線内遺跡群発掘調査概要（4）―南太閤山Ⅰ遺跡』
中尾佐助 1966『栽培植物と農耕の起源』岩波書店
中川正人 1997「符論5　粟津湖底遺跡出土漆製品の材質と技法」『粟津湖底遺跡第3貝塚粟津湖底遺跡1』滋賀県教育委員会・財滋賀県文化財保護協会
中里寿克・江本義理・石川陸郎 1971「宮城県山王遺跡出土辨柄漆塗櫛の技法と保存処理」『保存科学』7
永嶋正春 1985「縄文時代の漆工技術」『国立歴史民俗学博物館研究報告』6、国立歴史民俗博物館
永嶋正春 1996「漆から見た縄文・弥生時代」『考古学ジャーナル』401、ニューサイエ

ンス社
永嶋正春 2000a「三内丸山遺跡の漆文化に関する実証的研究」『特別史跡　三内丸山遺跡年報　―4―　平成12年度』
永嶋正春 2000b「松江市夫手遺跡出土縄文時代前期初頭の漆液容器土器について」『手角地区ふるさと農道整備事業にともなう夫手遺跡発掘調査報告書』
永嶋正春 2002「藍胎漆器」『日本考古学事典』三省堂
永嶋正春 2004「6漆」『千葉県の歴史　資料編　考古4遺跡・遺構・遺物』千葉県
永嶋正春 2006a「縄文・弥生時代の漆研究の現状」『季刊考古学』95、雄山閣
永嶋正春 2006b「漆工技術の発達と特質」『季刊考古学』95、雄山閣
永嶋正春 2006c「居徳遺跡出土木胎漆器の漆絵に見られる大陸的様相について」設楽博巳編『原始絵画の研究　論考編』六一書房
永嶋正春 2007「後谷遺跡出土の漆関係資料について」『後谷遺跡第4次発掘調査報告書　第3分冊』桶川市教育委員会
永嶋正春・小林謙一 2007「漆資料の年代を測る」『歴博』143、国立歴史民俗博物館
永瀬喜助 1986『のぎへんのほん　漆の本　―天然漆の魅力を探る―』研成社
長沼　孝 1998「旧石器時代の赤色顔料」『考古学ジャーナル』438、ニュー・サイエンス社
中野区・北江古田遺跡調査会 1987『北江古田遺跡発掘調査報告書1』
奈良国立文化財研究所 1997『平城宮跡資料館図録』
奈良国立文化財研究所・北海道教育委員会・南茅部町教育委員会 2004『垣ノ島B遺跡出土漆製品の分析』
成瀬正和 1984「赤色塗彩土器・漆塗土器・漆液容器について　―赤色顔料の化学的分析結果等から―」『寿能泥炭層遺跡発掘調査報告書　―人工遺物・総括編―』埼玉県教育委員会
難波道成・服部哲則 2004「大京町東遺跡出土貝殻製漆パレットについて」『東京都新宿区大京町東遺跡』
新潟県教育委員会・(財)新潟県埋蔵文化財調査事業団 2004『日本海沿岸東北自動車道関係発掘調査報告書Ⅴ　青田遺跡』
新潟県教育委員会・(財)新潟県埋蔵文化財調査事業団 2006『昼塚遺跡Ⅱ』パリノサーベイ社同定
新潟県教育委員会・(財)新潟県埋蔵文化財調査事業団 2009『日本海沿岸東北自動車道関係発掘調査報告書ⅩⅩⅡ　野地遺跡』
(財)新潟県埋蔵文化財事業団 2002「注目される出土品　1．大武遺跡三島郡和島町島崎

の漆製品」『埋文にいがた』31
新田町教育委員会 1994『下田遺跡』
日本うるし掻き技術保存会 2005『漆かき職人の一年』
能代修一・佐々木由香 2007「東京都東村山市下宅部遺跡の出土木材からみた関東地方の縄文時代後・晩期の木材資源利用」『植生史研究』15－1、日本植生史学会
能代修一・鈴木三男・小川とみ・福士明日香 2007「是川遺跡から出土した木製品と自然木の樹種」『是川遺跡ジャパンロード［漆の道］報告書2004－2006』是川遺跡ジャパンロード調査実行委員会事務局
野代幸和 1996「山梨県出土の縄文時代土器にみる彩色土器をめぐって」『考古学の諸相』坂詰秀一先生還暦記念会
能登町教育委員会・真脇遺跡発掘調査団 1986『石川県能都町真脇遺跡』
野辺地町教育委員会 2004『向田18遺跡』
八戸遺跡調査会 2004『是川中居遺跡　中居地区　G・L・M』
八戸市教育委員会 2002『是川中居遺跡 1』
八戸市教育委員会 2003『是川中居遺跡 2』
八戸市教育委員会 2004『是川中居遺跡 3』
八戸市教育委員会 2005『是川中居遺跡 5』
林　基哉 2007「復元住居の夏期内部環境」『御所野遺跡環境整備事業報告書Ⅱ』一戸町教育委員会
パリノ・サーヴェイ（株）2005「高瀬山遺跡の自然科学的分析」『高瀬山遺跡 HO 地区発掘調査報告書』（財）山形県埋蔵文化財センター
平井信二 1996『木の大百科』朝倉書店
深谷市教育委員会 1985『深谷町遺跡』
福井県教育委員会・福井県立若狭歴史民俗資料館 1987『鳥浜貝塚　—1980～1985年度調査のまとめ—』
福岡市教育委員会 1987『福岡市早良区　四箇遺跡』福岡市埋蔵文化財調査報告書第172集
福島県教育委員会 1991『東北横断自動車道遺跡調査報告11　法正尻遺跡　下巻』
福田友之 1993「縄文時代の漆工芸品の復元Ⅱ．復元資料の概要　1．土器・土製腕輪」『漆の美—日本の漆文化と青森県』青森県立郷土館
藤沼邦彦 2008「亀ヶ岡文化における彩文土器」『亀ヶ岡文化雑考集』弘前大学人文学部日本考古学研究室
冨士原文隆 2007「是川遺跡出土品の復元製作について」『是川遺跡ジャパンロード〔漆

の道〕報告書』是川遺跡ジャパンロード調査実行委員会
何　努 2007「中国新石器時代から商周時期までの北方漆器」『是川遺跡ジャパンロード〔漆の道〕報告書2004-2006』是川遺跡ジャパンロード調査実行委員会
古川知明・宮野秋彦 2004「復元竪穴住居の保存環境に関する研究第2報」『日本文化財科学会第21回大会研究発表要旨集』
北海道開拓記念館 1998『第47回特別展　うるし文化　―漆器が語る北海道の歴史―』
(財)北海道埋蔵文化財センター 2008『恵庭市西島松5遺跡（6）』
(財)北海道埋蔵文化財センター 2008『恵庭市　西島松3遺跡・西島松5遺跡（5）』
(財)北海道埋蔵文化財センター 2009『恵庭市　西島松5遺跡（6）』
(財)北海道埋蔵文化財センター 1989『小樽市忍路土場遺跡・忍路5遺跡』
堀田　満（代表）1996『世界有用植物事典』平凡社
堀越正行 1993「縄文時代の赤と黒」『史館』24
松江市教育委員会・財松江市教育文化振興事業団 2000『手角地区ふるさと農道整備事業にともなう夫手遺跡発掘調査報告書』
松山市教育委員会・(財)松山市生涯学習振興財団埋蔵文化財センター 2000『大渕遺跡―1・2次調査―』
三方町立郷土資料館 1990『特別展古代のロマン　三方のあけぼの展』
三島町教育委員会 1990『荒屋敷遺跡Ⅲ』
三田史学会 1959『亀ヶ岡遺蹟―青森県亀ヶ岡低湿地遺跡の研究1』
南茅部町教育委員会 1996『磨光B遺跡　―縄文時代後期の集落跡とアスファルト加工工房址の調査―』
南茅部町埋蔵文化財調査団 2002『垣ノ島B遺跡』南茅部町教育委員会
宮腰哲雄 1999「小さなかけらで漆を固定する」『海を渡った文化財』クバプロ
(財)民俗学研究所編 1951『民俗学辞典』東京堂出版
村越　潔 1985「縄文時代の織布について若干の考察」『日本史の黎明―八幡一郎先生頌寿記念考古学論集』六興出版
森川昌和 2001「漆のきた道」『中京女子大学　アジア文化研究所論集2』中京女子大学
森川昌和 2002『鳥浜貝塚　縄文人のタイムカプセル』未来社
柳橋　眞 1985『主要な漆器産地とその伝統的特色』『日本の美術』231、至文堂
山形県教育委員会 1990『押出遺跡発掘調査報告書』
山岸寿治 1996『漆よもやま話』雄山閣
余市町教育委員会 1989『沢町遺跡』
余市町教育委員会 2003『余市町安芸遺跡』

八日市場市 1982『八日市場市史　上巻』
(財) 横浜市ふるさと歴史財団 2000『大熊仲町遺跡』
吉川純子・伊藤恵美子 2005「縄文時代東北地方北部のウルシ利用の調査」『平成16年度特別史跡三内丸山遺跡』青森県教育委員会文化財保護課
吉川昌伸 2002「是川中居遺跡のD区における縄文時代後期の花粉化石群」『是川中居遺跡1』八戸市教育委員会
吉川昌伸 2006「ウルシ花粉の同定と青森県における縄文時代前期頃の産状」『植生史研究』14、日本植生史学会
四柳嘉章 1992「漆製品」『北陸自動車道遺跡調査報告 ―朝日町編7― 境A遺跡総括編』
四柳嘉章 2006a『ものと人間の文化史　漆　うるし』Ⅰ・Ⅱ、法政大学出版局
四柳嘉章 2006b「「漆器」分析研究の方法と課題」『考古学ジャーナル』542、ニューサイエンス社
米沢市教育委員会 2006『台ノ上遺跡発掘調査報告書』
渡辺　誠 2003「編布・砂鉄と漆」『新世紀の考古学―大塚初重先生喜寿記念論文集―』
王　巍 2004「中国における早期漆器の発見について」『2004　是川縄文シンポジウム記録集』東奥日報社
聶菲 2002『中国古代漆器鑑賞』四川大学出版社
浙江省文物考古研究所 2003『河姆渡』文物出版社
中国科学院昆明植物研究所編 1997『雲南植物誌』科学出版社
中国科学院植物研究所編 2002『中国高等植物図鑑』科学出版社
Mitsuo. Suzuki, Koji. Yonekura, and Shuich. Noshiro, 2007 Distribution and habitat of Toxicodendron vernicifluum (Stokes) F.A.Barkl. (Anacardiaceae) in China. Japanese Journal of Historical Botany, 15-1
S. Noshiro, and M. Suzuki, 2004 Rhus verniciflua Stockes grew in Japan since the Early Jomon Period Japanese Journal of Historical Botany, 12-1
Shuich. Noshiro, Mitsuo. Suzuki, Yuka. Sasaki, 2007 Importance of Rhus verniciflua Stokes (lacquer tree) in prehistoric periods in Japan, deduced from identification of its fossil woods *Vegetation* History and Archaeobotany, 16

写真・資料提供先一覧

図　番　号	提供および所蔵機関
表紙写真	福井県立若狭歴史資料館
口絵1～3	北海道函館市教育委員会
口絵4	（財）新潟県埋蔵文化財調査事業団
口絵5・6	秋田県埋蔵文化財センター
口絵7・8	山形県立博物館
口絵9・10	新潟県胎内市教育委員会
口絵11・12	北海道立埋蔵文化財センター
口絵13	福島県三島町教育委員会
口絵15～37	青森県八戸市教育委員会
口絵38～43	北海道恵庭市郷土資料館
口絵44・45	北海道立埋蔵文化財センター
口絵46～50	青森県野辺地町立歴史民俗資料館
口絵51～54	滋賀県埋蔵文化財センター
口絵55・56	石川県金沢市教育委員会
口絵57～59	新潟県胎内市教育委員会
口絵60～65	山形県うきたむ風土記の丘考古資料館
口絵66・67	群馬県高崎市教育委員会蔵・写真提供／高崎市観音塚考古資料館
口絵69	宮城県多賀城市教育委員会
口絵70～75	東京都東村山ふるさと歴史館
口絵76～87	新潟県教育委員会
図2	青森県八戸市教育委員会
図3	北海道余市町教育委員会
図4	北海道恵庭市郷土資料館
図5	新潟県教育委員会
図6	青森県八戸市教育委員会
図7	埼玉県教育委員会
図8・9	青森県八戸市教育委員会
図10～14	宮城県栗原市一迫埋蔵文化財センター
図16・17	東京都東村山ふるさと歴史館

写真・資料提供先一覧

図番号	提供および所蔵機関
図18	埼玉県川口市立埋蔵文化財センター
図19	（財）大阪市文化財協会
図20	（財）鳥取県文化財団
図21	（財）高知県文化財団埋蔵文化財センター
図22	富山県小矢部市教育委員会
図23・24	千葉県銚子市教育委員会
図25	群馬県太田市教育委員会
図26	青森県教育庁文化財保護課
図27	山形県うきたむ風土記の丘考古資料館
図29	（財）石川県埋蔵文化財センター
図30	富山県埋蔵文化財センター
図31	島根県松江市教育委員会
図32	福井県立若狭歴史民俗資料館
図34	北海道標津町教育委員会
図35	北海道立埋蔵文化財センター
図36	小野寺公夫
図37	新潟県教育委員会
図45	叶内敦子
図46	青森県教育庁文化財保護課
図47	青森県八戸市教育委員会
図48	東京都東村山ふるさと歴史館
図52・53	東奥日報社
図55	漆を科学する会
図56	高田和徳
図57-1・2	日本うるし掻き技術保存協会
図57-3〜5	岩手県一戸町教育委員会
図58	富山県小矢部市教育委員会
図59	日本うるし掻き技術保存協会
図60	新潟県柏崎市教育委員会
図61	北海道立埋蔵文化財センター
図62	島根県教育委員会
図64-1・2	青森県八戸市教育委員会

図番号	提供および所蔵機関
図64-3・4	福島県三島町教育委員会
図64-5・6	青森県立郷土館
図64-7	埼玉県川口市立文化財センター
図64-8・9	(財)石川県埋蔵文化財センター
図64-10	新潟県教育委員会
図64-11	秋田県五城目町教育委員会
図64-12	宮城県栗原市一迫埋蔵文化財センター
図65	山形県立うきたむ風土記の丘考古資料館
図66	新潟県教育委員会
図67	秋田県漆器工業協同組合
図68	秋田県五城目町教育委員会
図70	岩手県一戸町教育委員会
図71	青森県外ケ浜町教育委員会
図72	東京都東村山ふるさと歴史館
図73	青森県八戸市教育委員会
図74	宮城県栗原市一迫埋蔵文化財センター
図75	青森県八戸市教育委員会
図76	岩手県二戸市埋蔵文化財センター

おわりに

　近年は低湿地部にある遺跡についても開発への対応・保護措置が進み、発掘調査が実施されるケースも増えてきた。そのためか、低湿地での保存が良好な漆関係の新資料が、続々と報告されている。例えば漆塗り櫛の報告例を取り上げてみよう（図77）。北海道では墓から発見されることが多いが、通常は低湿地から出土することの多い漆塗り櫛は、今から20年以上前の1997年には56遺跡から230点が発見されていた（中川 1997）。近年は、ていねいに取り上げられて報告されるようにもなって、現在は85遺跡から408点以上の櫛の出土が報告されている。

　一方、低湿地遺跡の発掘は、水替工（鋼矢板を打ち込んで湧水を排除し、掘削面を乾いた状態に保つ）の設置が必要であるなど、土木作業量が多く、多種多量の情報量への対処や自然科学との提携の必要性も高い。体制、費用、技術面で、十分な保護措置が講じられなかったり、必ずしも十分な調査成果の報告ができていないものもある。また、自然科学的分析が必須であることから、関連分野の研究者に調査・分析・研究を依存しがちで、出土遺構やそこでの出土状況、層位や共伴遺物からの年代、考古学的な器種、型式、機能・用途などの分析を放棄することすらある。これらの状況により、考古学的な分析、考察は進んでいるとはいえない。

　また古くに発見された漆製品は、十分な記載や分析も行われないまま、保存処理も行われずに腐朽・劣化が進み、今日ではその所在すら不明な場合もある。

　さすが漆文化は奥深く重厚で、漆だけにかぶれ易い。各分野の研究者はもと

より、多くの考古学研究者が共同して、日本の重要で特徴的な漆文化の研究を進めていく必要があろう。

　本書を執筆するに当たって以下の方々からご教示、資料の観察、文献の入手・閲覧などのご助力を得た。記して感謝の意を表します。

　阿部千春、池淵俊一、伊藤玄三、伊藤由美子、大野亨、大場亜弥、工藤竹久、小笠原雅行、小澤清男、尾関清子、小林克、児玉大成、斎藤岳、佐久間光平、佐々木由香、重松佳久、渋谷孝雄、菅原弘樹、鈴木三男、高田和徳、田中孝尚、中村裕、畑宏明、福田英人、水之江和同、向井裕明、村越潔、森川昌和、渡辺裕之

2009年8月

岡村道雄

ものが語る歴史シリーズ⑳
縄文の漆（じょうもん　うるし）

■著者略歴■
岡村　道雄（おかむら　みちお）
1948年　新潟県上越市生まれ
1974年　東北大学大学院文学研究科修士課程国史学専攻修了後、同大学文学部助手
1978年　宮城県立東北歴史資料館考古研究科研究員、考古研究科長
1987年　文化庁文化財部記念物課埋蔵文化財部門文化財調査官
1993年　同主任文化財調査官
2002年～2008年　独立行政法人文化財研究所　奈良文化財研究所
現在　東松島市縄文村歴史資料館名誉館長、文化庁文化財保護部調査員

主要著作・編著
『日本の美術　貝塚と骨角器』至文堂、1996年。『改訂版　講談社　日本の歴史1　縄文の生活誌』講談社、2002年。『日本各地・各時代の焼失竪穴建物跡』奈良文化財研究所、2008年。『日本の美術　縄文人の祈りの道具』至文堂、2009年。

2010年4月25日発行

著者　岡村道雄
発行者　山脇洋亮
印刷　亜細亜印刷㈱
製本　協栄製本㈱

発行所　東京都千代田区飯田橋4-4-8
（〒102-0072）東京中央ビル
㈱同成社
TEL 03-3239-1467　振替 00140-0-20618

ⒸOkamura Michio 2010. Printed in Japan
ISBN978-4-88621-506-2 C3321